宮本常一　歳時習俗事典

宮本常一

歳時習俗事典

八坂書房

目次

新年の習俗 …………79

春の風物 …………115

写真撮影：クレジットのないものはすべて
宮本常一（植物写真は八坂書房）
写真提供：周防大島文化交流センター

風の名前

東風（こち）・アイの風

東風《こち》は一般に東から吹く風であるが、ただコチとのみよぶ事は少なくて、その上に何らかの名詞、形容詞がつく。それによって風の内容も感じもすっかりかわってくる。

瀬戸内海地方でキタゴチという風は、雨をともなう冷たい風の事で春さきに多い。大阪地方で高野ゴチというのは雨がかった強い東風の事で、生あたたかく、そのあと必ず雨になる。また広島県佐伯郡・愛媛県東宇和郡・高知県西部などでいっているヒバリゴチはそよそよ吹く東風で空はかすんで晴れており、ヒバリが一日中空でさえずっているような日である。瀬戸内海西部ではヘバルゴチともいっている。ヘバルはヒバリのことで、空へへばりついてないているからヘバルというのだと信じている。晩春から初夏にかけて湿気をふくんだ東風が吹く、すると頭の痛くなる者が多いといわれ、「コチが吹くと頭がいたい」という言葉を九州東海岸から南西諸島できく。

日本海岸では主として東北風をアイの風といっている。瀬戸内海地方では北と東の間から吹いて来る風だからアイノカゼというのだというところがある。鳥取県岩美郡の沿岸ではこの風が吹くと魚がいさむといっている。大体には海から海岸へ直角に吹く風と見られる点があり、能登半島の内側ではアイノ

ヒバリ（『堀田禽譜』より）

カゼが吹くと寄りものが多いといって喜ぶ風があり、大平洋岸では船を沖へ吹き放されることがないので航海には喜ばれた風である。

貝寄風（かいよせ）

鹿児島県の南方海上に浮ぶ川辺十島へわたるには、古来節分の日から四十八日以後クロバエの来るころまでの間を好季節としていた。節分の前後には、必ず暴風雨があり、この風をカイヨセといった。この風にともなう波が海辺に貝殻を寄せてくるからだといわれている（『七島問答』白野夏雲　昭和七年）。また長崎県西彼杵郡野母村附近でも、春の忘れ雪の降る頃に、必ず寒い強風が吹くことがあるが、この風をキャアヨセといっている（『綜合民俗語彙』平凡社　昭和三十年）。この言葉は瀬戸内海から、三重県鳥羽・伊豆半島のあたりまで分布を見ており、船乗たちはこの西風を事のほかおそれているのであるが、四天王寺では逆に浄土の方角にあたる西から貝殻を吹き寄せて来る風だとも、また龍神が聖徳太子に貝殻を捧げるために吹くものだともいって、この風を尊いもののようにいっている。

しかしこの風の吹いた後は必ず物静かなあたたかい日があって、春の近い事を思わせた。〔クロバエは「南風」の項参照〕

涅槃西風（ねはんにし）

『物類称呼』（越谷吾山編輯　安政四年　東條操校訂）に伊勢国鳥羽・伊豆の船詞として、年により二月十五日前後に一七日ほどやわらかに吹く西風をネハンニシカゼというとある。愛知県でも春の西風をネハンブキといっている。しかし壱岐島では「お釈迦のネハン風」といえば涅槃のころに吹く北風のことである。また瀬戸内海西部地方でいうネハンニシは大阪でいうカイヨセにあたる風で、強く寒い西風のことである。一日中吹きまくって夕方になると静まる。

彼岸西風（ひがんにし）

ヒガンニシはネハンニシとおなじ風である。ネハンは旧二月十五日であり、彼岸も旧暦にすると二月の中下旬になる。そのころ西風の吹く事が多い。この風が止むと春が来る。奈良の東大寺でお水取の行なわれている間西風が吹くともいわれている。ところが秋の彼岸ごろもまたよくあれる。ヨーロッパ

東大寺

では彼岸荒という言葉がある。日本でも岩手県などでは秋彼岸ごろに雨をともなう西風の吹く日が多く、そのために藁人形をつくって村はずれにたてて雨風祭をするところがある。

ようず

ヨウズは近畿地方からから瀬戸内海地方に濃厚にのこっている言葉で、春さきに吹く南東の風である。伊豆大島・新島ではユーズマジ・ユーズガエシともいっている。三重県飯南《いいなん》郡では雪をとかす早春の風をさしているが、大阪附近では春さきの冷たい日のあと、急に暖かくなって南から吹き出す風のことで、この風のあとは必ず豪雨になる。

高野《こうや》ゴチといわれる風によく似ているが、方向がそれよりは少し西がかって吹く風である。愛媛県では秋二百十日ごろに吹く風をオオヤマヨウズとよんでおそれている。

以上の諸例はこの風をおそれているものであるが、静岡県西部では夕方に吹く風をヨーデとよび、風位は時季と場所で違うという。また瀬戸内海地方では夏の夕方山の方から吹いて来る涼しい風だというところもあり、兵庫県姫路市八木附近では三―四月ごろ目に見えて来るように吹く風をヨウズゴチといっている例もあって、親しみのある風としているところも少なくない。

春一番（はるいちばん）

〔壱岐で春に入り最初に吹く南風をいう。この風の吹き通らぬ間は、漁夫たちは海上を怖がるという。一名カラシバナオトシ。この頃カラシ（菜種）の花が盛りで、この花を吹き散らす風の意。（『綜合民俗語彙』平凡社　昭和三十年）〕

二月末か三月初ごろ、瀬戸内海地方ではまだ寒い日の続いているとき、ヨウズよりはもっと強く、南の風が雨をともなって次くことがある。春をよぶ風としてハルイチバンといっている。これで木々の芽がとけはじめるのである。この風が吹くと皆春を意識する。ついで桜花の咲くまえに、同様の雨をともなう南風が吹き、これをハルニバンという。これで花が咲きはじめるのである。

桜まじ（晩春）

瀬戸内海地方では「春は三月桜まじ」という言葉があり、また「桜まじが吹くとメバルがよく食う（釣れる）」ともいい、またヒヨリマジともいっており、磯ものを釣る釣日和としている。三月三日の節句の日にはよくこの風が吹く。

ところがその後一―二日すると、おなじ南の風だけれど、豪雨をともなう風が吹く。これをハナチラシといっている。花が散って若葉にかわっていくのである。北九州では三月三日の翌日磯あそびをする慣習が所々にあり、これをハナチラシともいっている。

油まじ（晩春）

〔四月、未の方から吹く風を畿内や中国地方の船乗りはあぶらまぜという。また六月ごろ吹く軟風をもいう。〕

アブラマジは『物類称呼』に伊豆・伊勢国鳥羽の船詞として旧三月土用前から吹く南風のこととしている。マジ・またはマゼは南風をさしており、太平洋岸では晴れて静かな南風をアブラマジとよんでいるところが多い。

しかし瀬戸内海地方ではアブラマジは夏の南風である。夏七月ごろの晴れわたった真昼どきに、海が油をながしたように平らかになることがある。そうしたとき、その海面のところどころを小波をたてて風の吹きすぎることがある。遠くへまで吹きぬいていく風ではなく、吹いてはまた凪ぐ風である。そういう場合に風の吹いていないところをアブラナギという。帆船の帆など微動だもしないほど風がない。目のまえをアブラマジが吹いており、そこまで行けば少しは船も走れるのにと思うが、どうにもならないで、吹く風を見つつ、船は帆をあげたまま停止しているという風景をもとはよく見かけたものである。

夏の風

〔南方高気圧から大陸の低気圧帯に向かって、東または南東風位で吹く夏の季節風。〕

佐渡島、越前、加賀の海岸をあるくと、ワカサという風名にぶつかる。夏の終に吹く西南の風で、必ず海があれるという。ワカサには悪霊がのって来るものだということを加賀の塩屋できいた。また伊勢湾附近にはイセチという風名がある。伊勢の方から吹いて来るという意味で土地によって方向がちがうが、大体西南の風である。ところが山陰ではイセチ、またはイセイチという風は、東南から吹いて来る強風のことで、西北から吹いてくるタマカゼに対抗する風だといわれている。いずれも六、七月ごろに多い風であるが、静岡県西部山地では西南風をイセナガシといっている。ナガシというから雨のともなうものであり、田植時期に待たれた風であった。またヒューガマジは大分では東南風、愛媛県では西南風である。

南風（はえ・まじ）

南風は一般に夏季に多い風であるが、その呼称が各地によってちがう。が、大きくわけてハエとマジとにする事ができる。ともに近畿以西に多くつかわれている。そのうちハエとよばれる言葉の方が古いと見られる。琉球ではハエは南方を指している。それが同時に南風をもいうようになっている。南風の多くなるのは四月の桜の花のさく頃からで、日和がつづき麦がうれてくる。琉球ではこの風をオリズンバエといっている。また壱岐では春バエとよび、「春バエ池をほす」(『壱岐島民俗誌』山口麻太郎　一誠堂昭和九年)という言葉もある。ところが五月末から六月にかけて、雨をともなった南風が吹きはじめる。これを普通クロバエといっている。クロバエにともなう雨を九州南方の島々ではナガシまたはナガセといっている。この言葉は瀬戸内海の香川地方にまで及んでいる。が、その他の地ではツユ(梅雨)とよばれる。

梅雨の終わりにはきまったように雷雨のあるもので、瀬戸内海地方ではこれをツユガミナリといっているが、梅雨雷がなると梅雨があけるという。

梅雨があけてまた南風が吹きはじめるが、これをシロハエという。瀬戸内海の(周防)大島ではハエマジともいっている。ハエという風は南西諸島から九州西部を経て山陰地方にわたって分布しているが、瀬戸内海地方にも点々として見られる。

さて、夏の末に空は晴れておりつつ強い西南風の吹く事があるが、これをノワキノハエ(野分の南風)と瀬戸内海西部ではいっている。この風が吹くと秋が来るのである。

ハエに対して、瀬戸内海地方を中心に、四国および九州の東岸にかけては、同じ南風をマジまたはマぜという呼称が一般にいわれる。瀬戸内海地方では、朝北風の吹く日は午後かならず南風が吹く。そこで「朝北夕マジ」とか「朝北がマジを迎えに行く」などといっている。朝から北風が吹いても午後南風の吹かない時は必ず天気がくずれる。

しかし、台風の来るまえに東南から強い風が吹いて来る事がある。雲脚が早く、その雲の裾が少し渦形にまいている。じっとしていても汗のにじみ出るほど高温高湿であるが、この風をヤマジといっている。矢のように早いからだといっているが、ヤマジは必ず南から西南風にかわって台風になる。この風を太平洋岸の日向・土佐・紀伊方面ではただマジといっているようである。

しかしヤマジに近い風に東北地方にヤマセがある。東北地方の太平洋岸では東または東北の風になっているが、秋田の奥羽山脈よりの所では東南の風になっている。この風は冷くしめっぽい風で、この風が吹くと奥羽山脈に白い雲がおりて来て峰をつつむ。そして毎日のように冷いジメジメした雨を降らせるという。田植のすんだ後ごろから降りはじめて八月半まで続く事がある。東北地方の凶作は大ていこの風の吹くときに見られる現象である。

関東地方東南の海岸では、ヤマセは西南風になっている（『風位考資料』―増補― 柳田国男 明世堂 昭和十七年・『物類称呼』・雑誌「方言」、筆者直接調査による）。なお、ヤマジにあたる風を大分ではヨウズといっている。

ひかた

〔山陰地方を中心に、北九州から青森にわたる夏の季節風〕

日本海岸では南風をクダリといっているところが多い。「佐渡の民謡」に「卯はヤマセ、辰ダシ、巳ウチ、午クダリ、未ワカサに申ヒカタ風」というのがある。佐渡では正南の風がクダリという事になる。帆船時代に北へ下って行く船の利用する風で、この名があるといわれる。夏に多い風だが、山陰地方ではクダリは西風の事であった。

同じく日本海岸で南風をヒカタとよぶところが多い。

「天霧《あまぎら》ひ日方《ひかた》吹くらし水茎《みずくき》の岡の水門《みなと》に波たちわたる」（万葉集七巻一二三一）

の歌のしめすごとく、きわめて古くから用いられていた言葉であり、その後も和歌などに用いられている風名である。山陰西部ではこれが東風になっているところもあり、また東北では西南風になっているが、大体この風の吹くときは天気もよく、海もおだやかで日本海岸では一般によろこばれている風である。ところが、この風が青森県下北半島では「命とる風ヒカタ風」とおそれられているのである。

だし

夏になると、瀬戸内海地方では夕方になってハエまたはマジがぴたりとやんで海面が鏡のように静かになるひとときがある。これを夕凪という。七・八月の交にはこの夕凪はたまらないほど夕暮のひとときをむし暑いものにし、皆家の外に置座を出して夕涼みをするのであるが、海岸に近い山手では、夜のとばりのおりたころ、山の方から涼しい微風が吹きはじめる。きわめて弱い風で、これをダシといっている。

ダシは一般には海岸から沖に向かって吹く風で、土地によってその方向がちがっている。太平洋岸では多く北風になっているが、日本海岸の北部では多く東風であり、中部から西部へかけては東南風または南風になる。大体各地とも夏の風で航海に適した和風である。船を出すに適しているからダシというのであろう。静岡地方ではそのダシも夏土用をすぎると、強くて恐しい風になってくるのである。長野県の山中ではダシアレといえば俄雨の事で、むしろあわただしい風になる。

また瀬戸内海地方では夏季夜間に海上で南の微風が吹く事がある。これを愛媛県ではアラシといっているところが多い。一方、七・八月にかけて朝吹く北風のことをアラシといっている例が瀬戸内海の山陽側に多く見られる、「アラシが出たから日和だ」などといっている。

アラシは夜あけから吹き出す風だが、八月の末近くなると、夜中から吹きはじめる事がある。これをヨギタともネギタともいう。八月の盆踊のあるころに夜半から突然吹き出す事があって、急に秋をおもわせてくる。これが朝まで吹きつづくとアオギタという。ところが対馬地方ではアオギタは夏の終から秋のはじめにかけて吹く強い北風の事で、それが潮気を吹きあげて、作物を荒すことが多かった。

いなさ

瀬戸内海西部でヤマジとよばれる風を瀬戸内海東部から関東の太平洋岸にかけてイナサといっている。船乗たちにはもっとも恐れられる風であり、帆船時代にもっとも多い遭難の見られたのはこの風であった。橘南谿の『東遊記』〔巻の五〕には伊豆下田の西にある手石浦の話として正月の挨拶に「イナサ参ろう」「寄せてござれ、古釘で祝いましょう」という言葉があったという。イナサの風で船が難破して寄物の多いことを期待する言葉であった。三河伊良湖地方でも「イナサとこいやれデンゴロリン」という民謡がある。イナサが吹いて船がデンゴロリンとひっくりかえるようにとの意であるという。利根川すじではイナサが吹くと大水が出るともいわれている。常陸霞ヶ浦地方ではもっともいやがられた風で、この風が吹くと必ず豪雨が来、桜川の水が増水して霞ヶ浦の水位が高まり、農家の夥しい浸水が見られた。しかもこの風が吹くと利根川口から逆潮がのぼって川水を容易にはかさないので、水害がひどくなるという。

イナサを正南の風とするところもある。『風位考資料』では伊豆下田のイナサは南の風だとあるが、伊豆東岸できいたところではやはり東南の風になっている。但し暴風雨になる風は方向が一定せず、刻々に方向をかえていくものである。

東南から吹く風をタツミといっているところも広い。これははっきりタツミといっているので、ほとんど東南風の事をさしているが、鳥取県や山口県の如く、二百十日前後に吹く強風というように東南風の中でも季節を限って用いている例もあるが、そのほかでは鳥取県八頭郡、島根県仁多郡のように、東南から吹く風でも大風に限ってこれを用いている例もある。

ただタツミといわないで、タツミカゼといっている例も全国に分布しているが、いずれにしても夏季の強風としての印象がつよく、ヤマジ・イナサなどと同じような語感をもっている。

送りまぜ・おくれまじ

『物類称呼』に畿内及び中国の船人の言葉として七月末の風をオクリマゼという、としるしている。一方、伊勢の鳥羽・伊豆の船詞としてボンゴチがすぎてから吹く南風をオクレマジといっている。中国地方でオクリマゼ、またはオクリマジというのは、この風で北前船を北へ送りかえすからだといっている。北前船は瀬戸内海から出るものと、北陸から下って来るものがあったが、北陸から下って来るものは五月末に一番船四百隻ほどが瀬戸内海へ入って来る。遭難を少なくするために、何となく船団を組むのが普通で、小さい船団でも五、六十艘から成っていた。しかし、瀬戸内海各港での商用の済むのはそれぞれちがっているから、帰りはまた別の船と船団を組み、盆ゴチをたよりに西瀬戸内海にあつまって来、南風を利用して北へ帰るのだが、旧九月の末の南風を最後にして、帰りおくれたものは大阪をはじめ沿岸の港に船囲いして春を待つのである。一方瀬戸内海から出ていく北前船は旧十月の末までに北陸から瀬戸内海へ帰って来る。多くは北の風を利用しての事である。オクリマジはこうして北陸から来る帆船を北へ吹き送る風という気持がつよかったようである。が、おくれて吹く風ともとれる。盆をすぎると南風は少なくなる。そして吹いてもノワキノハエのように台風にともなう強いものが多い。『拾椎雑話』（福井県郷土叢書第一集　福井県立図書館　昭和二十九年）には、「西国にては南少しく西よりの風を羊《ヨウ》頭《ズ》と云、若狭にてはながすと云」とある。この風はわるくほめくとあり、台風となるものだからであろう。

おしあな

オシアナは『綜合民俗語彙』に「東南の強風を四国各地でいう。慶長二年の『巨材集』にもオシアナと見えている。佐賀・長崎県の一部で、オシヤナバエ、鹿児島県の西半部でオッサナゴチ。夏季の台風は多くはこれである。アナジの押返しの意味か。壱岐で昔この風をオシアナゼといったことでもわかる」とある。おしあなが古い風名であったことは『八雲御抄』に「をしやな巽風清輔抄」とあり、また『袖中抄』にも「無名抄云、ひかたは巽風也、ひるはふかで夜ふく風也、私云、たつみの風をばをしやなと云、又伊勢ごちといふ」ともあって、同じ巽風でも夜吹くものをひかた、昼ふくものををしやな、伊勢ごちといったことがわかる。また『倭訓栞』に「西国にて東南の風をおじやばえという」とあるのは佐賀・長崎でいうオシヤナバエと同系の言葉であることがわかり、オシアナにハエをつけた東南風をさす言葉が、江戸中期頃には九州地方にはひろく行なわれていた事が想像せられるのである。

高西風（たかにし）

たかにしは『綜合民俗語彙』に「九州・山陰はほとんど北西風をいい、瀬戸内から。四国南岸、大隅半島の島々にかけては点々として西南風である。高いというのは子《ね》の方、すなわち正北に近いことを意味する」とある。高西は秋から冬にかけて多いものであるがとくに十月の稲の取入頃、突然吹く強いニシアナジ―すなわち高西風を、瀬戸内海地方ではタチともオオニシともいっている。おなじ風を農村ではモミオトシという。風が強くて籾がおちるという意味であろう。また、秋土用に吹く西風をとくに土用ジケといった。四季の土用に吹く風のうち、秋の土用の西風が船乗などには一番おそれられた。タチやモミオトシとおなじ風で、全く突然吹き出すものだからである。このように突然やって来る西北からの強風を越前海岸ではアラセともいっており、九州西部でいうクバカゼはこれの更に強いものであろう。能登から北ではこうした西からの強風をタマカゼといっている。

ならい

ならいは『物類称呼』に「江戸にては東北の風をならいと云。つくばならいといふあり」とある。ならいという言葉は関東地方でもっとも多くきかれる。北から吹く風であるが、筑波の東南では西北がかった風を筑波ならいといっている。東北地方へいくと西の風をならいといっているところもあるが、岩手県下閉伊ではコチとミナミの中間から吹く風となっているから東南からの風という事になる。相模大山のふもとでは、八王子の方から吹いて来る風で雨をともなう事が多く、じめじめして降ったあと、大てい西にかわって晴れ、寒くなるといっている。伊豆の島々では東北がかった風を下総ならいといい、北から吹く風を本ならいといっている。西の方では大分で北風をならいといっているが、西日本ではほとんどきかない言葉である。（『綜合日本民俗語彙』による。）

春をよぶ風

日本人は風にきわめて敏感であった。風によって天候を予知したり、また季節のうつりかわりを知ったものである。今年（昭和四十二年）は二月十日から十二日まで雪が降りつづいたが、関東平野南部へ雪をもたらす風は少し東がかった北の風で、関東地方ではナライとかナラエとかいっている。この風が吹きはじめると、いままでからりと晴れた日のつづいていた関東平野に雪が来る。そしてそのあと春がやって来るのである。それまでの風は西か西北の風が多い。

さて関東では二月の声をきくとナライすなわち北または北東の風が多くなってくるのだが、西日本では東風が多くなる。それも少し北にかかっている。

瀬戸内海地方では東風は節分の日から吹きはじめるものだといわれており、これをセチゴチといっている。セチゴチは春をつげる風だが、底冷えのする寒い風で、そのあときっと雨か雪になる。コチの風はもともとよい風ではなくて、南西諸島ではコチが吹くと頭が痛むといわれているが、おなじようなことを瀬戸内海の島でもきいたことがある。しかしコチが吹きはじめると、寒くはあっても麦が背のびをはじめる。そしてヒバリが空でさえずる。そういう風をヘバリゴチという。ヘバリ〔ヒバリ〕というのは空へへばりついて鳴くからだと中国地方の人は信じている。

このコチの風はマジ（西南風）を迎えにゆくのだと瀬戸内海の人たちはいっているが、いきなり西南の風は吹かなくて、かえしに西風の来るもので、これをネハンニシという。十二月から一月へかけての西風のように冷たくはない。

さて三月へはいって東風が吹いたあと、それこそ強い南西風が来る。そしてやがて本当の春がやって来る。

コラム　生垣

椿のかげ女おとなく来りけり
白き布団を乾しにけるかも

これは島木赤彦がその友土田耕平の病気療養している伊豆大島を訪れたときの歌である。この歌の作られた大正時代の大島は交通も不便で、島のみどりは今よりももっとゆたかであり、民家は林の中に埋れていたといってよかった。その林というのも雑木か椿である。椿は夏も冬も葉があって丈夫であり、風に強いので、防風垣には適していた。だから家のまわりの風垣に椿を植えることが多かったのであるが、住居のまわりだけでなく、畑などの境にもこの木を植えたし、道の両側にもこれを植え、それが生長してトンネルのようになっているところも少なくない。椿は花が咲くので、その蜜を吸うために小鳥が来る。また椿の樹蔭は小鳥の憩うのにもよいと見えて、島では七月まで鶯が鳴く。大島の椿は刈込みをすることが少なくて、自然のままに茂っているから、住居が木立の中にこもっていて外からは見えない。赤彦の歌からはそうした様子がうかがわれるのである。

風垣に椿を植える風習は紀伊や土佐の海岸にも見られ、紀伊の海岸では椿の葉で煙草をまいて吸うている女をよく見かけたのだが、これは戦前のことである。土佐の西南地方では椿をきれいに刈り込んで垣にしているのを見かける。

しかし垣にした木は椿だけではなかった。それぞれの土地によって利用されていた木は違っていた。もともと生垣の歴史は古いのである。そのことは絵巻物によってうかがうことができるのであるが、とくに生垣の多く見えているのは『一遍聖絵』である。『一遍聖絵』は京都よりも田舎の風景を描いたものが多く、それはそのまま田舎のさまを物語るものではないかと思う。この絵巻の第七巻に、大津の関寺の前の門前町が描かれているが、家の前の木は杉ではないかと思われる。下枝は払われて幹だけであり、葉は上の方についている。これに似た生垣は第四巻の筑前の武士の家の外の畑を囲う生垣である。これは木も小さくまた密植している。

竹もまた垣に用いられたようで、葉の広い笹竹が生垣に用いられたかと思う。大和当麻寺付近

関寺前の民家の生垣（『一遍聖絵』より）

の住居のまわりを囲む生垣は竹のように思われる。また、板垣の内側または外側に竹を並べ植えた垣も見られる。

垣を必要としたのは、一定の土地を囲いこんでそこが自分のものであることを示すためのものであったと思われるが、今一つはそこへ邪悪や不幸なものが入り込まないように希ったのであろう。屋敷の入口に注連縄《しめなわ》を張り、そこに門守りの札のさげてあるのを『聖絵』の中にいくつも見ることができる。そしてそのような習俗は今も方々で見かけるものである。もともと垣というものは土を積みあげた築地塀《ついじべい》が一つの基本的なものではないかと思っている。京都の貴族の屋敷はすべて築地塀と棟門を持っている。しかし寺院などの場合は側面、背面は板塀になっている。そして『信貴山縁起』によると、山崎長者の家は板塀である。山崎長者にかぎらず、『粉河寺縁起』の河内讃良長者の家も前面は板塀でその内側に竹を並植している。そして背後は竹か何かを網代編みにした塀の内側に棕櫚のようなものを植えてい

板塀（『信貴山縁起』より）

る。それがさらに京都から遠ざかった紀伊粉河の大伴孔子古の家の屋敷は間垣をめぐらしている。それがさらに一般の民家や下級武士になると生垣になってくる。

しかし生垣をめぐらす以前があったのではなかろうか。それは座敷のまわりを木立で囲むことである。屋敷のまわりを木立で囲む風習は各地に見られる。汽車などで旅をしていてもっとも目につくのは富山平野の中の杉木立である。カイニョといっているが垣内と書くのであろう。近畿地方でいうカイトのことで、垣内というのは私有地を囲いこむためのものであろう。島根県の簸川平野は刈り込んだ松を屋敷のまわりにめぐらした家が多い。築地松といっている。風を防ぐのが目的であった。

そのような生垣は太平洋岸にも多くて、東北地方の北上川流域には北側に杉の木立を背負った屋敷が少なくない。その木立の中に家が一軒あることもあれば二、三軒あることもある。これをサワメといっている。やはり風を防ぐためのものであろう。そうした屋敷林の最も見事に発達しているのは関東平野で、栃木県地方では杉の木が多い。それが利根川

網代垣と棕櫚（『粉河寺縁起』より）

を右岸へわたると、コナラのような常緑樹が多く、木立そのままのものもあるが、立木をきれいに刈り込んだものが多く、それがちょうど屋根の前のところを垣のようにしたものが少なくない。これは風で屋根をとばされないようにしたものである。関東平野の草葺の農家には、家の間口の側の桁に長い一本丸太をのせたものが少なくない。それはまことに見ごとであり、しかもそれが継目のない一本丸太でないと縁起がよくないといわれている。何のためにこんな大きな丸太を桁に使ったのであろうかと普請手伝を業とする老人にきいてみると、大風のとき屋根を吹きはがされないためだと話していた。大きな茅葺の屋根は風を含みやすい。そして屋根を吹きあげてしまう。そのおさえとして一本丸太をあげ、それに垂木をしっかりと打ちつけておく。なおそれでも屋根が風に吹きはがされることがあるので屋根の前に生垣の風除けを作っているのである。その生垣が南にあれば南の風の強いところであり、秩父の山寄りのところでは西側に多い。これは西の風の強いところである。

武蔵野の台地では屋敷にケヤキを植えているものが少なくない。ケヤキは冬になると葉がおちる。それでは冬北風のふく時吹きさらしになるが、冬の風はそれほどおそろしくない。おそろしいのはやはり南の風なのである。屋敷にケヤキを植えたのは日蔭を作るためであり、また建築用材として用いるためであった。ケヤキは百年もたてば建築材として役に立つ。その屋敷林といっしょに風垣も作られている家が少なくないのである。しかし近頃武蔵野のケヤキはほとんど伐られてしまった。

　遠州平野にも屋敷林や風垣を持つ家が多い。屋敷林は松を多く見かけるが風垣はマキの木が多い。きれいに刈り込まれているのが普通で、天竜川の両側とくに東の方に多かった。大井川の流域にも少なからずこれを見かけたのであるが、最近は住家が平野をうずめて来て、林の多くは伐られた。ここも松が多かった。平野の住居ばかりでなく山谷や丘陵に散らばっている民家も静岡地方ではマキの生垣を持つものが多い。

　しかし、瀬戸内海沿岸では生垣をめぐらす民家はあまり見かけない。風が強くないということも理由の一つになるだろうが、今一つは他人につつみかくししなければならなかったような生活もなかったのであろう。広島県山中の盆地の村での話であるが、若い者が女のところへ夜這いにいった。女といっても雇われている下女で、下女部屋は入口を入った土間の上の天井裏に部屋がしつらえてあって、梯子を

風除け（群馬県、昭和41年4月）

のぼってその部屋へはいる。若い男は夜中にそこへしのびこんだのだが、目がさめて見ると女はもう起きて下で働いており、家族の者も皆おきている。下へおりることができないので、家の者が田へ働きに出て留守になるのを待った。さて留守になったので下へおりて見ると、家はあけ放されていて家のまわりの田にはみな人が働いている。そこで外へ出ることができない。とうとう一日下女部屋にいて夜中になって家へ帰ったという話をきいた。家が開放的でどこかで誰かが見ていて、夜以外には内緒ごとはできなかったものだという。そういう村々が瀬戸内海地方に見られたのである。九州でも熊本地方には開放的な民家が多かった。

それが、鹿児島・宮崎南部では屋敷のまわりを竹の生垣で囲う風習が見られる。この竹はホウライチク〔蓬莱竹〕が多いようだが、土地の人たちはチンチクとよんでいる。もともと鹿児島は竹の多いところである。ところが鹿児島のチンチクは火縄銃の渡来にともなって多く作られるようになった。この竹は槌でたたいて繊維だけにして、それを縄になったものは火がつきやすくきえにくい。それで火縄銃の火縄に用い、士族の家では義務としてこれを植えたのだという。今でも方々に見事な生垣がある。関西にも竹の生垣がある。近江坂本や京都北郊でそれを見かけたが、これはトウチクとよばれる種のものが多い。

生垣はそれをなくてはならぬと考えている人たちと、なくてもいいと考える人たちがいたことが、その分布を見てわかるのである。どうしてそうなったのか、それは考えてみる必要がある。

おなじ鹿児島でも大隅半島には生垣のない村が少なくない。ところが西海岸の佐多町から東海岸の辺塚へゆく途中にある大中尾というところは屋敷を平等に割り、屋敷の周囲を生垣にした村で、高いところから見下すと見事な区画をなしていた。これは大正三年桜島爆発のとき、桜島の東の百引《もびき》村から疎開移住したもので百引村の習俗を持って来たものであろう。佐多町付近にはこのような村構えはないので、誰の眼にもとまる。そして米空軍の眼にもとまって戦時中に爆撃をうけたことがあるという。このような事実からしても生垣の分布にはかなりの差異があることがわかる。

それほど風が強くなければ、もともと日本人は風通しのよい開放的な環境が好きだったのではなかろうか。しかし貴族や武士たちは屋敷の周囲を築地や土塀で囲うことが多かった。そしてその伝統が次第にひろがっていったように思う。今日ではその土塀がブロック塀にかわった。もう少し開放的にならないものか、せめて生垣にならないものか。そうすればもっと心もやわらぐであろうと思う。

日本の正月

大正月と小正月

まずお祭の中で、大切なのは盆と正月です。正月は新しい年を迎える時であり、盆は先祖のまつりをすることになっています。正月について見てゆきますと、町であれば、太陽暦になっていて、門松をたて、おもちをつき、一日から三日ぐらいまで休み「大正月」といいます。それから七日の七草に休み、十一日に休み、十四日から十六日までを「小正月」といって休んでいます。二十日は「二十日正月《はつかしょうがつ》」といい、休む日がいくつもあるのです。つまり正月には、大正月と二つも休みがありました。この大小というのは、大きい小さいということではなく、大は公、小は私の意味があったようで、お上《かみ》できめた正月と民間の正月というような意味と思います。すると、お上できめた正月のあとから、民間で正月をきめるということは、もともとありますまいから、民間の方の正月が昔からあったところへ、お上からきめた正月が行なわれるようになったものと思います。

満月と年中行事

盆も十五日を中心にしたまつりなのですが、ずっと昔は、盆も正月も十五日にまつりをしたとなると、この日は、よほど大切な日であったにちがいありません。それはちょうど、月のまんまるくなる時です。今のように電灯があかあかとついて、町に住んでおれば月のあることさえ忘れるようになってくると、月は大して意味もなくなりますが、電灯もラジオも新聞もないころには、日が出たり入ったり、月がまるくなったり欠けたりすることによって、時のうつりかわりを知りました。そして、月がまるくなるというのは一つの大きな目じるしになったことと思います。そこで、文字で書いた暦のなかったころには、月のまるくなったのを目じるしにしてまつりを行なったと考えられます。それが文字で書いた暦ができるようになって、正月も月のはじめに行なわれることになったのです。

ショウガツハジメ

さて、まつりをするために、神さまを迎えなければなりませんが、それにはふかいつつしみが大切でした。まつりが大きければ大きいほど、神の気持をきずつけないようにしました。

正月は、一年じゅうでいちばん大切なおまつりですから、早くから準備をしました。十二月十三日を「ショウガツハジメ」といっているところが、中国地方や近畿地方にあり、岐阜の山中では「ショウガツオコシ」といっています。この日は、正月のたき木をきり、すすはきをするので「シバゼック」とか「ストリゼック」といいます。この日から正月に入ると考えて、家をきよめました。そうして、この日に門松を山へ迎えに行くこともありました。

年神

いよいよ年の暮になると、「ミタマ」とか「ニダマ」とかいって、先祖をまつる風習があります。それは、四国地方から青森までの間に点々として残っている行事なのですが、東北地方では、十二（うるう年は十三）のにぎり飯をつくって、それに箸《はし》を立ててそなえます。

群馬県では、ミタマサマの棚は年神さまの棚とは別に作られているものもあります。青森県では仏壇《ぶつだん》にそなえ、秋田や山形では年神さまにそなえています。このように、土地によってちがいますけれど、一体どれがほんとうなのでしょう。そこで、南の方へ目を向けてみます。

私は昭和十五年に、鹿児島のずっと南の海中にある宝島という島で、二十日ほど島のくらしについて調べたことがありました。この島では、旧十二月一日が正月で、ほかの地方の人々は「七島《しちとう》正月」といっています。十一月二十八日の晩に、仏棚の前に「オヤダマの棚」というのを作ります。盆の棚と同じことで、戸を一枚おいて、その上に新しいござをしき、こうろと花たてをおき、茶の湯の茶わんや、お酒の茶わんをそなえます。盆とちがうところは、盆には棚の上に位はいを下ろしますが、正月には下ろさないのです。しかし、家によっては下ろすこともあります。それから、盆には、なまぐさものをそなえないけれど、正月にはそなえるのです。オヤダマはこの晩やってくるといいます。これを「ハツイリ」といっています。

ミタマノメシ（秋田県、「防長警友」より）

ところが、ほかの地方で大切にまつる年徳《としとく》さまは、棚の隅でかんたんにまつるのです。年徳さまは、シナの影響をうけた神様で、ここではあまりとうとばれておらず、正月の神さまは、どこまでもオヤダマが中心なのです。この島は、わり合いに仏教の影響をうけていない所だと思われていますが、そこで、こんなまつりの行なわれているのは考えさせられます。そして、国の端々《はしばし》や、こうした離れ島にこそ、昔の古いならわしが残っているとするならば、このまつりは古いものと思います。そして、この島の北にある悪石島《あくせきじま》では、年徳さまはまつりません。すると、正月の神さまはオヤダマということになり、そしてオヤダマは先祖のことなのです。

群馬県の赤城山のふもとでも、ミタマサマは年神さまと同じほど大切な神さまとされているようですが、正月の神さまも、二つになったのでしょう。しかし先祖が正月の神さまということになると、盆のまつりとたいへん近くなります。

大晦日《おおみそか》の晩を「大年《おおどし》」とか「年越《としこし》」とかいっていますから、一年のかわり目は、大晦日の晩であったことがわかります。この日、門松をたて、年神さまをまつり、神さまの前で夜を明かしたもので、この夜は眠らないことにし、もし眠っても眠ったといわず「イネヲツム」といいました。

雑煮

今日では、そのつぎの元日の若水くみや、ぞうにを祝うことが大事な行事のように思われていますが、じつは、大晦日の夜の神迎えや、神まつりのつつしみぶかい行事の方が大切なので、神を迎える行事は、一般に物静かなものでしたから、しだいに忘れられてきて、元日の朝の方がほんとうのまつりのように思えてきたのです。しかし、正月が神迎えののちのまつりであったことは、ぞうにということばでもわかります。ぞうには、いろいろのものをまぜて煮たという意味で、神さまにそなえたいろいろのおさがりを煮たものだったのです。九州では「ノーレエ」などといっていますが、ノーレエはナオライの訛《なまり》であり、「直会《なおらい》」と書いて、神さまにそなえたものをいただくことなのです。

さて、神さまをお迎えすると、その年じゅうよいことのあるように、いろいろのおいのりをし、またわざわいのないようにといのります。この時、ただ言葉でこのようにしてほしいというのではなく、自分たちの希望するありさまを行って、このようにして下さいといのったのです。

幸木

大正月の方は、年のはじめのあいさつまわりや、お餅をたべることが主になっていますが、そのほかにサイワイギ（シャーギ）をつるします。西日本に多く見かけるものです。たいてい土間につっています。丸太を横にして、縄を十二本（うるう年は十三本）つけ、それに、正月じゅうに食べるいろいろの食物をつりさげておくのです。魚、ダイコン、こんぶなどです。

関東地方では、この風習はあまり見かけられなくなっているけれど、入口に張るシメにこんぶ、炭そのほかの食物をほんの少し結びつけてあるのは、幸木のかわっていったものだろうといわれます。

シゴトハジメ

正月二日から四日までの間に、いろいろの「シゴトハジメ」があります。縄をなう、田をすく、糸をつむぐ、米をつく、着物をぬう、木をきる、若ものは宿へとまりに行くなどということを形だけしておけば、それからさき一年じゅう、いつそのことを行なっても、さしさわりにならぬと考えました。

正月はじめにはまた、山へ行って山の神をまつることが、東北日本ではひろく行なわれていますが、その時カラスに餅を投げてやるならわしがあります。カラスは「ミサキ」とも呼ばれて山の神のおつかいと考えられていました。

正月の門松は十日をすぎると引きあげて、十四日か十五日に燃やしました。正月六日は関西では「ムイカドシ」といっており、また「神さまの年越の日」だとも考えられています。大事な日だったのでありましょ

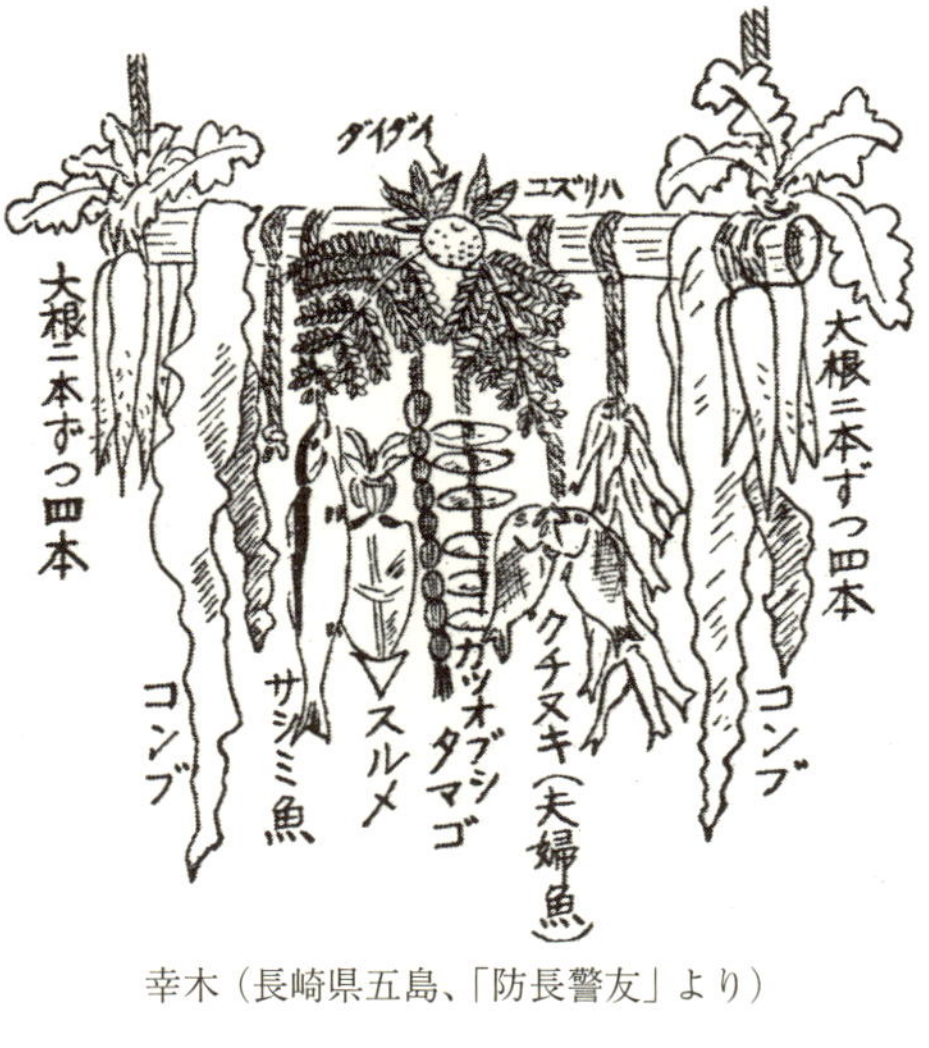

幸木（長崎県五島、「防長警友」より）

う。九州の南では、鬼の来るのはこの夜で、「タラタテ」とて、タラの木を入口に立て、また豆をまいています。そして、六日か七日に「鬼火たき」といって、大きなたい松を作り、これに火をかけてやきます。九州の西海岸から南の方に見られます。

鬼追

節分の夜の鬼追《おにおい》も、もとは六日年や二月八日に行なわれていた行事が、節分に行なわれるようになったものでありましょう。節分は太陽暦であり、太陽暦が一ばんに行なわれるようになったのは、明治五年十一月九日に太陽暦採用の詔書を発布し、十二月三日を明治六年の一月一日として、太陽暦にきりかえてからのことです。しかしそれまでに、今から三、四百年ばかり前から、太陽暦も太陰暦の中へ少しずつ入りこみました。立春、節分、八十八夜、夏至《げし》、半夏生、二百十日、冬至《とうじ》などは、みな太陽暦にしたがっている行事だとわかるのは、九州の南や東北地方の片田舎のように古い行事が多く残っているところでは、かえって行なわれていない村々が多いからです。青森県の東部では、豆まきをするのは十二月二十六日か七日に、すすはきをすませたあとなので、

福は内、鬼は外

何をつぶす、鬼の目玉をうちつぶす

といってまきます。

小正月

大正月に対して、小正月はほんとに民間の正月であり、百姓の正月だったという感じがします。まずケズリカケとかケズリバナというものを作ります。ヌルデやミズブサの木のようなものをうすくけずって、その端は木につけたままにして、花のようにするのです。それを神さまにそなえます。かんたんなものになると、木に鎌をうちこんで、四、五カ所にきずをつける程度のものもあるのです。日本の南の端から北の端まで、少し田舎へ行けば残っていますから、もとは日本じゅうに行なわれていたものでしょう。ケズリバナはホダレともいわれ、この言葉は各地にあります。ホダレはすなわち穂垂れであって、作物のよくみのるように、というお祝いの心があるのだと思います。

それから、マユダマだの、モチバナだのを作ります。今も忘れることができないのですが、宮崎県の椎葉村で見た餅花は大きな部屋いっぱいになるほどの、しなやかな枝のはった木の枝に、数限りなく餅がつけてありました。その白い色が、部屋の中をパッと明るくしているように思いました。作物がこんなにゆたかにみのるように、

マユダマ（東京都保谷、「防長警友」より）

という心なのだそうです。

東北から関東にかけて、畑作の行なわれているところでは、「アワボヒエボ」というのを作ります。アワボはアワの穂、ヒエボはヒエの穂のことなのです。

御田植式

日本海の沿岸地方では、正月十四日を「ヨイザツキ」といい、十五日を「サツキイワイ」といっているところもありますが、この日田植のまねをする風習があります。「ニワタウエ」などといっています。雪の上を田に見なし、松の葉や豆がらを苗になぞらえて植えてゆきます。

庭田植（『真澄遊覧記』より）

西日本には、このような行事は、もう民間では見られなくなっていますが、正月十一日を「クワゾメ」とか「タウチ」「ツクリゾメ」などといって、九州の南部では田を三くわうってユズリハを立て、紙につつんだ米をそなえていますが、近畿、東海へかけては、田をうちおこし、そこにカヤを立て、物をそなえているのを見かけます。また古い寺や社に正月の御田植式がのこっています。和歌山県高野山の奥の花園村大日堂の御田植行事は、代かき、田打、田植、草取、刈取まで物まねによって行なうもので名高いものです。

お正月につづみをうってやってくる万才《まんざい》も、もとは田植の物まねをして、家々を祝福してまわったものが、だんだん専門に行なうようになってきたものかと思います。昔、奈良県の広瀬から京都の公家《くげ》さんの家へお祝いに行っていた、という万才を見たことがありましたが、同じように、田植のまねをするのです。

私がまだ小さい時のことでした。私の村へも、毎年のようにどこからか万才がきました。ある年、万才がきたのに家にはだれもいないことがありました。私はこまって親類の人からもらって大切に持っていた十銭銀貨をやりました。そのころの十銭は大金だったのです。すると万才師たちは、ふつうなら家の土間でつづみをうって、となえごとをして帰るのですが、その日は座敷へ上って、おどったり田植のまねをしたり、おもしろいことをいって笑わせたりしました。私は座敷のすみに立って、半分はおもしろく、半分は何かかなしいような気もちで見ていました。長い間、おどったり歌ったりしたその人たちは、やがて出てゆきました。そのことは、家のだれにもいいませんでし

若狭のつくりぞめ（福島県三方郡、「防長警友」より）

た。大方の家が一銭二銭やっているのを、十銭もやったのですから、何か悪いことをしたような気もしたのです。

ところが、のちに、広瀬万才を見ているうちに、その幼い日のことがありありと頭の中にうかんできました。両方ともたいへんよく似ていたのです。西日本にも、きっと小正月に庭田植が行われていたものでしょう。

庭田植ばかりでなく、その年が豊作であるかどうかのうらないもしました。正月十五日には、おかゆをたいて食べることが各地に行われていますが、この時、そのかゆをかきまぜるために、長いはしをつくります。「カユカキボウ」といっているところがたくさんあります。このはしでかゆをかいてあげた時、はしにかゆつぶがたくさんついておれば豊作だ、といわれています。それがまた、神社の神事になっているところもたくさんあります。

万才（『近江職人尽絵詞』より）

田楽

田を祝福してその豊作をいのる行事に、「田あそび」というのがありました。もともとは正月の行事だったのでしょうが、のちに平安朝時代になると、京都では常の日でも盛んに行なわれるようになり、

「田楽《でんがく》」といいました。都の人々は、この田楽をたのしむために見るようになったのです。こうなると、はじめは信仰上の行事だったのが、いつしか信仰の方は忘れられてしまいました。

今の人々にも人気のある「能《のう》」または「能楽《のうがく》」というのは、もとは「猿楽《さるがく》」といって田楽のうちの一つの芸だったのです。ところが、のちに猿楽だけが独立した芸になって、大へん立派なものになりました。舞とウタとが一つになった芸ですが、ウタだけでも楽しまれるようになり、「ウタイ」とか「謡曲《ようきょく》」といわれています。こういうように信仰からはじまったものが、信仰が忘れられると劇《げき》にまで発展しました。カブキ芝居も猿楽とつながりがあったのです。

一方、田楽は地方々々の神社の祭礼でも、大切な信仰上の行事として今も行なわれています。福井県三方郡の村々には、春の祭礼に「王の舞」というはなやかな行事がありますが、これも田楽の一つでその年の豊作をいのるまつりなのです。

モチノカユ

この日はかゆを食べます。東北から北陸へかけては、アズキを入れたかゆをたきますが中国地方では、「モチノカユ」といって、餅を入れます。ほんとうは、望《もち》のかゆということ

田楽（『鳥獣戯画』より）

でしょう。十五日は望の日ですから。このかゆを吹いて食べると、秋に大嵐が吹くともいわれていますから、豊作を祈ってこれをたべたものと思いますが、なぜかゆを食べねばならなかったかはよくわかりません。きっと深いわけがあることでしょう。

七日の七草といい、十五日のかゆといい、こうしためでたい日に食べるものとしては、そまつなような気がします。おかゆを食べはじめたのは、多分、四百年あまり前からではないかと思われますが、十五日の行事が全国に行なわれていることを見ると、特別のわけがあったことと思われます。高知県では「カユツリ」といって、このかゆをもらって歩いてみんなで食べる風習がありましたが、中には姿をかえ、だれであるかはっきり分らぬようにして行くものもありました。

年占

七日の日は年占《としうら》も行なう日でした。一年じゅうの天候を見るために、イロリの中へクルミを割ってくべたり、ダイズを十二（うるう年は十三）くべて、そのこげ方を見て天候をうらなうこともありました。そのこげ方がひどいものは雨、白いままのものは晴、こげる時に水気を吹くものは風、というようにきめている土地もあります。

鹿児島県の村では、元日の若水に米、ムギ、アワ、ソバなどを一つぶずつおとして、そのしずみ方で、作物のでき具合のよしあしを見るならわしがありました。神さまのおいで下さっている時に、うらないをすれば、ほんとうのことが分ると思っていたのです。また節分にこれを行なっている土地もあります。

ナリキイジメ

また、くだものがよくなるようにといって、ナリキイジメをする地方もたくさんあります。私のふるさとでは、夫婦がそろってカキの木の下へ行って、夫の方が

「なるかならぬか、ならぬときるぞ」

といって、斧《おの》で柿の木にきずをつけると、妻の方が

「なります、なります」

といって、その切り口に持っていったおかゆをなすりつけた、ということをききましたが、のちに、このようなことは日本じゅうにあったばかりでなく、イギリスの方にもあったことを知って、これらをくらべて見ることによって、なぜそんなことをしたかもだんだん分ってきました。

なってもらわなければならないのは、木だけではなく、人もいい子をうむようにとて、子供たちが棒

ナリキイジメ
（山口県大島郡、「防長警友」より）

を持って、若いお嫁さんの尻をたたいてまわる行事が、これも日本じゅうにあったといってもよいほどで、宮城県では「ガッテイ」、山梨県では「オカタブチ」、九州の天草では「ハルマンジョウ」といっています。いま子供たちが「お尻まくりはやった。」などといって、尻まくりのあそびをしているのを見かけますけれど、はらみうちの名残《なごり》ではないでしょうか。

鳥追

こんどはまた、作物のわざわいをするものを追いはらわねばなりません。その中で、鳥は作物をあらす困ったものでした。今でこそ鳥も少なくなっていますが、昔は、これにはほとほと弱らされたものと見えて、鳥追の言葉に、「頭をきって尾をきって。」などといっていますから、にくしみのほどもうかがわれます。そしてこの行事は、東北地方に多く見られるのですが、西日本では、ほとんど行なわれていません。しかし、七日の七草をたたく時に

唐土《とうど》の鳥が　日本の国に
わたらぬさきに　七草はやせ

などと唱えており、佐渡島では、小正月の鳥追と同じように

七草八草《やくさ》　唐土の鳥と　日本の鳥と　渡らぬさきに
頭切って尾を切って　とうど紙に包んで　沖の島へ流す

と唱えているところからも、鳥追行事がくずれて、七日の七草の方へくっついて行ったのかと思われます。

鳥についでやっかいなのは、いろいろのけだものや虫です。そこで「ヤイカガシ」といって、イワシの頭や髪の毛などをやいてはしにはさみ、門の入口や畑などにさしておく行事が、今は節分に各地で行なわれていますが、これと同じような行事が小正月に行なわれているところもあります。

カマクラ

新潟県では鳥追の時に、雪の室《むろ》をつくって、その中で子供たちがむしろをしいて食事などをする行事がありますが、秋田県の横手地方ではこの雪室《ゆきむろ》の中で水神さまをまつっており、これを「カマクラ」といっています。旧暦の一月十二、三日ごろ子供たちは井戸のかたわらや道ばたに、高さ六、七尺ほど、巾六尺ばかりのカマドの形をした雪の室をつくります。天井《てんじょう》は板をならべ、むしろなどをのせて、その上に雪をつみ重ねてつくるのです。雪室の内の正面には棚をおいて、そこに水神さまをまつり、隣近所の子供たちが集まって、アマザケをあたためたり、餅を焼いて水神さまにお供えし、またみんなも楽しく食

ヤイカガシ
（山梨県八代郡、「防長警友」より）

べあうのです。さらに通りがかりの人があると、その人を呼びとめてアマザケをふるまうのですが、そうすると、その人たちもまた餅やおかさねを水神さまに上げてゆきます。

雪がちらちらと音もなくふる夜に、あちらこちらのカマクラから、ちょうちんの灯のあかりがほのかにもれて、子供たちのはずんだ声を聞いていると、まるで夢の国のような気がします。水神さまをまつるのは、この地方は水が乏しいからだといっていますが、これは左義長《さぎちょう》と水神まつりがひとつになったものでしょう。

モグラオイ

そのほか、「モグラオイ」といって、モグラを追う行事は全国的といってよいのです。九州では、子供たちが棒の先にわらをつけたもので、土をうってあるくところがあります。「モグラウチ」といっています。滋賀県彦根では、子供たちが拍子木《ひょうしぎ》や金だらいなどをたたいて

まんまこどんの　おうちにかァ
おるうす　おるす

といって、モグラを追います。福島県石城郡では、わらをうつツチボウになわをつけて田の中をひきずりながら

なまこどんのお通りだ

むぐろどん　おるすかい、おるすかい
といって、一人が歩くと、ほかの一人がうしろから
おるす、おるす
といって畑の土をふんで行きました。そのほか、これに似た行事がたくさんあります。兵庫、京都、大阪、福井の各府県には「キツネガリ」というのがありました。子供たちが行なったものです。

年祝

ただよいことがあるように、悪いものは去ってしまえ、というだけではいけません。みんなが一生けんめい働かなければ、よいくらしをたてることはできません。そこで、かせぐことをすすめてあるく人たちもありました。「カセドリ」「カサドリ」「カセダウチ」「カセギドリ」などというのです。東北では子供が「ケッコロケッコロ」とにわとりのなきまねをしてあるきます。たいていは、家々から餅などもらうのです。のちには、びんぼうなものが顔をつつんで家々をまわって、餅をもらうようにな

モグラオイ（『長崎名勝図絵』より）

り、「トヘトヘ」「トヨトヨ」「ホトホト」などともいっていますが、もとはそんな意気地のないものではなく、正月の神として人々をいましめて歩いたものでしょう。秋田県男鹿半島の「ナマハゲ」はその神の姿に近いものかも分りません。鬼の面をかぶり、みのをつけた二人のものが、手には木製の大きな刃物など持って、「ウォー、ウォー」といいながら家々をまわり、親のいうことをきかない子などをいましめてあるきました。だから、悪太郎はかくれまわったのですが、ナマハゲは家の中をあらあらしくさがしました。ナマハゲというのは、ナモミハギのことです。ナモミというのは火あざのことで、こたつなどにあたっていると、股《もも》や足に赤い斑点《はんてん》がつきます。それをはぎとるというわけでしょう。男鹿半島ばかりでなく、岩手県の海岸にもこんな行事がありました。

ところが、ずっと南の方の、鹿児島の南の屋久島にもありました。それが大晦日《おおみそか》の夜のことになっています。そしてそのやってくる神が、「トシノカミ」だといわれています。島のいちばん高いオタケの上から鳴物入りでやってきます。じつは、若いものが二人でそれになっているのです。顔は鬼につくる

ナマハゲ（『真澄遊覧記』より）

こともありますが、白髪の老人になることもあります。それが、笠とみのとを着ます。白い方は竹みの、赤い方はシュロみのを着るのです。子供たちは家々で正座して待っています。トシノカミは、その前で刀をぬいてふりまわし、子供の名をよんで

「おまえは今度は何才になるのだが、おとうさんやおかあさんのいうことをきかないし、また何月何日にわるいことをした。もう一度すると年をとりもどすぞ。」

といいます。子供たちは、それがよくあたるので、おどろいてつつしんで聞いています。トシノカミは、やがてオタケの方へかえって行きます。トシノカミの来るのは、十才までの子供の家でした。この島からあまり遠くない鹿児島県の甑島《こしきじま》でも「トシドン」という神さまがやってきて、よい子にはみやげ物をおいて行きました。

東北でも西南でも、今は子供をはげます神さまになっていますが、もとは、すべての人々をさとす神であったと思います。

火祭

小正月はまた、大正月の門松や松かざりを焼く日でしたが、長野県の松本平では、子供たちがそれで小屋をつくり「サンクロウ（三九郎）」という神をまつります。この小屋はあとで火を

三九郎（長野県東筑摩、「防長警友」より）

かけてやきました。この行事も各地にありますけれど、大正月よりも、小正月の方が盛んに行なわれている東北地方には、この行事が少なくなります。西日本では、この行事を「サギチョウ（左義長）」とか「トンド」とかいうところが多いのです。この火まつりは、サイの神の前で行なわれることが多いのは、わけのあることでしょう。

栃木県や福島県では、子供たちが松かざりで小屋をつくるまでは、長野の方とも同じですが、その小屋にいて鳥追うたをうたうので「鳥小屋」といっています。十四日の晩か十五日の朝、これに火をかけて焼きます。

左義長（『難波鑑』より）

正月の意義

以上で、だいたい小正月の行事を見てきましたが、ほとんど農業に関係があるということが分ると思います。そうすると正月が、どういうまつりであるかがはっきり分ってきます。先祖の神を迎えて年をあらため、一年じゅうの作物のよくみのるようにいのり、わざわいをさけようとしたのです。そういう年であれば、人もまた幸福だったわけです。そして、これによって、日本人が古くから農業を中心にして生活してきたことがよくわかります。それでは、正月の神さまはいつかえって行ったのでしょう。

年神送り

一月二十日を「ハツカショウガツ」とも「ホネショウガツ」ともいっています。この日、正月に食べた魚の、もう骨と頭だけになったのを食べるところが、西日本に広いのですが、東日本では少しちがいます。静岡県では「マツウエゼック」とて松を植える日としており、山梨では「ツナウチゼック」とて一年じゅう必要な綱《つな》を村じゅうでつくり、また小正月にかざったマユダマや餅花をとりはずす日になっていて、「イネカリアワカリ」などともよんでいます。また「マユネリ」とか「マユダマカキ」とかいって、長野県では、小正月のかざりのマユダマをとって食べました。小正月につくったものが、ゆたかにみのったと考えての行事なのでしょう。そして、一月の晦日《みそか》か二月一日に、正月の神は常世《とこよ》の国へかえって行ったようで、関西では、「二月一日オクリショウガツ」といい、愛知県の山中には「トシガミオクリ」といっているところもあります。常世の国というのは、古代の日本人が考えていた他界《たかい》のことで、最初は死の国、それから神々の国という考え方にかわり、のちには、先祖のたましいが住む国で、富の世界だと考えるようにもなったのです。

神さまにいつまでもいていただくと、失礼なことがあったり、神さまの気に入らぬことがあってはいけないとて、かえっていただくわけです。これで正月は終ったわけです。そして、あたりまえならば百姓は一年じゅう仕合せであるはずですが、なかなか思うようにはまいりません。そこで、時おりまた神さまのおいでを願ってまつりをしました。

コラム　移りゆく正月風景

人々の年齢を満何歳でかぞえるようになって、正月がしだいにさびれはじめたという。もとはみな正月にいっせいに年をとったものである。しかし満何歳ということになると、生年月日はそれぞれちがっているのであるから、年をとる日も一人一人でちがってくる。それだけではない。ちかごろは都会でクリスマスがはやるようになり門松やささ竹、しめかざりなど、クリスマスのまえにたてるふうが生じて、正月にはささ竹など、もうしなびてしまっているのが多く、かえって正月をうらぶれてさびしいものにしてしまった。

とくに、正月にはどこでも凧《たこ》をあげたものだったが、電線がはりめぐらされるようになって冬空を色どるさまざまの凧の姿がきえてひさしい。

それればかりではない。年のはじめのめでたいことばをとなえつつ家々を門付けしてあるいた芸能人も、近ごろはめっきりへった。九州博多の町で、いま五月三日から五日にかけて行なわれているドンタクの行事も、もとは正月五日に行なわれていたのである。昔は松ばやしといわれていた。一月十四日に行なわれていたモグラウチなども、いまはほとんど見かけなくなった。棒のさきに藁《わら》をくくりつけたもので土を打ちつつ、モグラウチのうたをうたったものだが、おとずれた家に若妻がいると、そのモグラ打ち棒で女のしりをたたいた。そうすると妊娠すると考えられた。

だが、すべてのものが消えていったのではない。一月三日に福岡の筥崎《はこざき》八幡宮で行なわれる玉せせりや、一月七日の太宰府神社のうそ〔鷽〕替え神事などは、その年の幸福を得ようとして数万の人が神社につめかける。久留米市の高良《こうら》神社でもうそ替えに似た玉替えが行なわれている。玉せせりは昼の祭りだが、うそ替えも玉替えも夜半の行事で、くらやみの中で、うそや玉をつぎからつぎへ人手に渡しつつ、神社から出した金色のものを火をともしたとき持っていた者が幸福を得るという。

これに似た神事は愛知県稲沢の大国霊《おおくにたま》神社にも見られる。旧正月の十三日に行なわれる追《つい》儺《な》神事がこれで、厄年の男が神男になって、裸で土餅《もち》というもちを背負って追儺殿に入るのだが、それを裸になった男たちが追う。神男にふれると厄がおちると信ぜられている。まったく壮観で、国府の裸祭りの名でよばれているが、熱してくるとこれらの群衆に水をぶっかける。それがみるみる湯気になってたちのぼっていく。正月の裸祭りは各地にあったものだが、いまはしだいに特殊な社寺の行事としてのみのこるにいたった。

だが、愛知県三河山中で行なわれる花祭りは、そこが不便な山間であるためであろうか、いまも昔ながらに夜を徹して、頭屋《とうや》の家で数々の舞いが行なわれる。神楽の一種なのである。

それも昔とはだいぶ様子がかわってきた。昨年〔昭和三十六年〕正月、私は久しぶりに御園《みその》というところまで見にいった。その日は臨時のバスも何台か出た。小さなひっそりした山村に、それほどの人がはいりこめば、夜はさぞにぎわうであろうと思ったが、夕飯がすんで、舞いがはじまっても、舞い人以外に見物人は二、三人にすぎぬさびしさだった。見物の客はどこへいったのだろう。もとは宵の口からにぎわったものだがと思っていると、十二時すぎてぞろぞろと出てきて、舞殿《まいどの》のあたりはあき地も道も人でいっぱいになった。宵の口はコタツにあたりながらテレビを見ていたのだという。テレビが古い行事をしだいに侵蝕しはじめたのである。それでも、テレビのほうは十二時をすぎればやむから、それからさきでも花祭りを見ることはできる。

舞いはそれから朝日がのぼり、やがて昼になり、夕方まで続いたのだが、私はその終わりまで見ないで昼さがりに山を下りた。

「みな出稼ぎにゆくようになって、舞う人がだんだん少なくなってきます」と村の古老はなげいていたが、たとえのこっていくにしても、老人とこどもだけで行なわねばならぬようなことになるのではなかろうか。

北海道のように、明治以後にひらけたところでは、正月を中心にした民俗行事は少なく、その昔家々がふるさとから持ってきたものを行なっているほかは、二月四日から七日にかけての江差町の姥《うば》神社の鹿舞いや、一月五日の松前町の松前神楽、一月十四日から十七日にかけての木古内の佐女川神社のこりとりくらいが目にとまる行事であろうか。

　むしろ雪深い地方として、民俗行事とは別に、雪や氷の上でのスポーツが年中行事化しつつある。札幌中心の二月十一日のスケート・カーニバルや、おなじころ行なわれる雪祭りは、新しくおこってきた新春の行事として、将来各地に盛んになりゆくであろう年中行事の姿を暗示するものがある。

正月の子供遊び

羽子つき

浅草の観音さまで羽子板市がひらかれると、正月はもうすぐそこにきます。忙しい歳の暮れの合間々々に羽子つき風景がみられるようになります。

　ひとこにふたこみわたしやよめごいつよりむさし、
　なーんのやくしここのやじとおる

と唱えながら突き続けた数を貸借りしていくものと、AからBへ羽根を突いて送り、受けそこなって落した者に墨を塗ったりする追羽子の遊びがあります。

羽子つき（『絵本西川東童』より）

風が強くて羽子が飛ばされそうな時は、

　風吹くななー吹くな、水戸様の山で金羽根ひろって、およ羽根こヲーばーね

と唱えながら片手に羽子を持ち、片手に羽子板を持ってその手をひろげてくるくる廻ると風がしずかになると東京ではいいます。越前の羽子つき唄は、

　正月の二日には、爺とこへ行こか、婆とこ行こか、
婆のとこ行ったれば芋煮てかくいて大根煮てさしでて、

　　も一つほしいというたれば、
　　大釜の下からタコ目むいておどした
　　ひいやうふうやらふんだん、
　　だるまて、つきに、ちよど、かぶら、きんたま
と唄います。

タコあげ

　男児の正月の遊びはなんといってもタコあげでしょう。タコの形はさまざまで、六角、長四角、ヤッコダコ、トンビダコ、扇ダコ、飛行機ダコ、絵をかいたもの、字をかいたもの、骨も障子骨、巻骨などがあります。
　東京では風がなくてタコのあがらない日は、
　　おてんとさまつーよいな、風の神はよーわいな
と唱えると風が強くなるといいます。また子どもた

タコあげ（『絵本風俗往来』より）

ちは、

　タコタコあーがれ、あがったら煮てくお、
　　さーがったら焼いてくお

と唱えながらあげます。

　浜松のタコあげは、三月頃から端午の節句までで、横に長いものをゴホチ、四角なものをベタといい、糸目は三本以上で、大きいほどたくさんつけます。

　ベタタコはシッポに縄をつけるので風の強い日でないとあがりません。タコをあげると切りっこをします。一つのタコに一〇人から三〇人位の子どもが集まって力をあわせて戦います。相手に切られると恥で、勝つとワーイと大声ではやします。切られて引き上げて行くときは、

タコあげ（『風俗野史』より）

　ヲヒルミカッコラ、お茶ズケカッコラ、
　オコウコボリボリ、お茶ズケジャブジャブ

といってはやすのです。

　もともとはまつりの日に災厄をのせて遠くへとばせる行事であったようで正月十五日、五月五日、七

月九日などまつりの行なわれる時を中心にしていて、正月以外にもあげています。そして幼児に贈られたタコは青年がかわって上げる山口県児島のような例もあります。

カルタ

正月の遊びといえばカルタは忘れられません。カルタとりは古くから広い地域で行なわれていたようです。子どもの間では、百人一首よりもイロハカルタが広く行なわれます。イロハカルタの文句や絵はその時代を反映していろいろのものができます。遊び方は「散らし」と「おわけ」の二通りが主で「散らし」は普通円座を作って取り札をならべ、一人が読み札を読み上げてたくさん取った者が勝ちます。「散らし」は二組にわかれて「お手付」「鼻毛抜き」などの罰を定めてとり、勝敗をきめます。

カルタ（『絵本風俗往来』より）

スゴロク

おなじ部屋の中の遊びにスゴロクがあります。子どもの遊ぶ場合は道中スゴロクが多いです。振り出しに各自の名札を置き順番にサイコロを振り、その数だけ進みます。はやく上った者が勝ちます。

また飛びスゴロクといい、ところどころに数字を書き入れて、そこへあたるとその数字だけ飛んで先にいくもので、運がよいと三、四回で上るし、悪いとなかなか上れない遊び方もあります。

針うち　◆福島県

福島県磐城の子どもは正月に針うちをして遊びました。男女別はありません。太く長い針をえらんで針の穴に一〇センチ位の糸のフサを作ってつけ、針の中ほどに固い四角に切った餅を通します。

道中スゴロク（『吾妻余波』より）

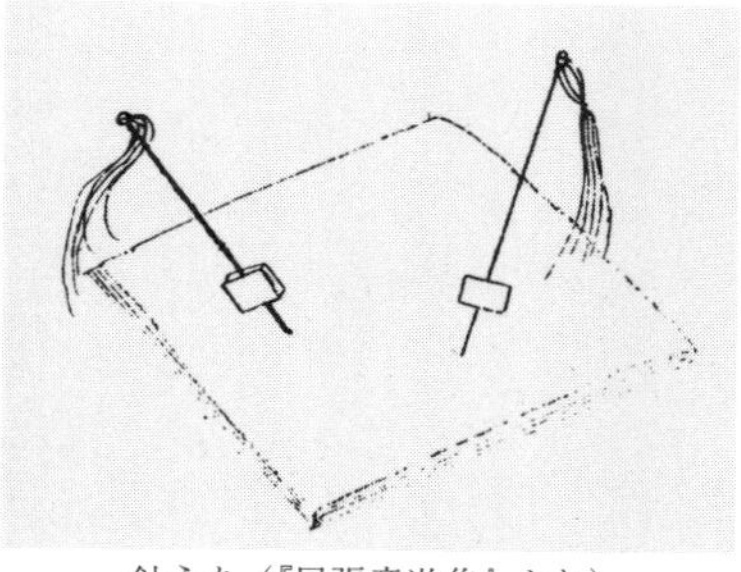
針うち（『尾張童遊集』より）

一方五寸と七寸の紙（小津経という和紙を使った）を各自持ちよって、何枚かずつ出し合い、これを重ねておいて、左の手で針の先を持ち右の手で糸の中ほどをもって、重ねた紙に針を打ち込みます。そして糸を持って真直ぐ持ち上げ、針についてきた紙をとります。重ねた紙がなくなるまで続けます。

カト打ち　◆茨城県

茨城県には松の内の遊びでカト打ちというのがあります。十一才から十五才までの男女五人から九人ずつくらいで、半紙を半分にした小半紙を一枚か四枚ずつくらいをかけて、ジャンケンで順番を定め、小半紙に賽目をかいてカトカトと順にかき、これを畳の上に敷いて囲み、小針（三角の畳針を使う）に絹の五色の糸でフサをつけ、針先を口にふくみ、糸のフサの先を右手に持って、紙に針を打つ、針がトの字の画の中に入れば皆んながかけた紙をとり、カの字の画の中に入れば、定めた枚数をかけて、次の者の番になります。これを繰返します。

押し合い神事　◆伊勢

これは男子のあそびで、寒い日に家と家の隅っこや塀の際に寄り集まってするもので「寄ってこい、

寄ってこい」と多勢の子どもを呼び集め、
　押して見よ、押して見よ
と押させ、口々に、
　押し合い神事、押されて泣くな
と唱えのび上ったり、かがんだりして人波を打つようにしていると体が温って暑いほどになります。
　鳥羽では、
　押し合いこんぼ、押されて泣くな
と唱えます。

滑りっこ　◆金沢

　雪のふかい金沢の滑りっこは雪の上を滑べる遊びで、人通りの少ない坂になったようなところで、七間から一三間くらいの間を、はじめに三、四人の子どもが減ってうすくなったような木履をはいて滑り馴らし、なめらかに雪のしまった上をみんなで滑ります。

　滑り方にいろいろあって片方の足だけで滑る一本足。片方の足で滑べりながら、もう一本の足でトントンと地面を打ちながら行く鍛冶屋。両方の足でうねりながらすべるウネリ。滑る途中で坐りながら行く坐りこ。坐ったり立ったりしながら滑べる米搗きなどです。

この時にはくものは、よく枯らした孟宗竹を普通の下駄の長さに切り、皮か木綿の緒をすげたものか、竹ゾーリといって、普通のゾーリの裏へ細長い竹を割ってつけたものです。

ホンヤラドウ ◆新潟県

横手のカマクラは最近さかんに宣伝されて有名になっていますが、雪室を作ってそこにこもり餅などたべ、鳥追いをする風習が新潟の十日町地方にありました。

この雪室をホンヤラ堂とよび、ホンヤラ堂の上に立って鳥追のうたを唱え、また拍子木や太鼓をたたきながら町を歩きます。

ホーホ、ホーホ　ホンヤリ様は馬鹿で
出雲の国へよばれて　あとで家を焼かれた

とうたったといいます。子どもたちにとっては楽しいものでした。

雪室ではないですが、小屋を作ってその中で餅などたべて、子どもが群になって村をあるきます。

この小屋を鳥小屋といっていますが、福島県の海岸地方に点々として見られます。小正月の日にこれに火をつけて焼きます。小屋は正月にたてた門松やシメナワなどでつくることもあります。

モグラモチ　◆新潟県

小正月には追い払わなければならないものがたくさんあったようで、モグラモチなどもその一つであり、モグラモチ、モグラウチなどという行事が各地にあります。新潟県刈羽郡では子どもが藁打ち用の横槌に縄をつけて雪の上をひいてあるきながら、

むぐらもちはどこだね
内ねか外ねか軒端ねか
横槌どんのお出だお出だ

を唱え、所どころ槌を雪の上になげつけ、

かっつぶせ、かっつぶせ

と唱えます。そうすると、その年はモグラの被害が少ないと考えていたのです。

ヨメタタキ　◆北九州

この行事が北九州へ行くと、竹竿のさきに小さい藁をくくりつけて土を打ってあるく行事になってい

ます。家々で行なうこともありますが、子どもが群れになって家々の畑を打ってまわることもあります。この棒で若い嫁が尻をうってもらうと妊娠しやすいというので、うつ風習が九州南部にあって、ヨメタタキとかハルマンジョウといっています。

そのほかにもモグラを追う行事は多いです。

サンクロウ焼き ◆長野県

正月の門松やかざりを小正月に焼く行事も各地にあり、これをドンドンヤキ、サイノカミ祭などといっていますが、これも子どもの参加するものが多いです。

山梨県東八代郡などでは、道祖神のほこらの近くにオヤマ木という柱をたて、柱はいろいろの色紙をつけてかざり、それに一、二本の綱をつけて張り、柱を中心にして小屋をつくって、子どもたちはその中で遊び、そのあと、オヤマ木はとりのぞいて火をつけて焼きました。

小屋は作らないで門松やシメナワをもらってきて村はずれの広場でやき、正月二日の書き初めの紙をその火にかざし、高くまいあがると字が上手になるという伝承は中部地方から近畿地方までの間に多くみられます。

長野県松本地方ではこの行事をサンクロウ焼きといっているところが多いです。

新年の習俗

門松（かどまつ）

門松が正月に家々のまえに立てられるようになったのは平安時代以来の事であると見られる。西行絵巻にも門松を売りあるく男の姿が描かれている。しかし禁中と堂上諸家は門松はたてなかったという（『故実拾要』）。

門松はもとは十二月十三日の正月初めに伐って来て家のまえの畑にたてておき、正月に家のまえへたてる風を東北の諸所に見かけるが、大ていは正月二、三日まえに松迎えといって恵方の山へいって伐って来ることが多い。これに竹と梅をそえるところもあるが、年木をそえ、また注連《しめ》をつける場合が多い。門松はもともと正月の神を迎えるためのものであったと見られる。土地によっては松をたてないで、シキミやサカキをたてる例もある。また地方によっては家の中の大黒柱に大きな松をくくりつけたり、俵に松をさしてかざったりするところがある。俵松といっているところもあれば、蓬莱さん、年神松といっている例もある。この松が神のおいでになるしるしとなるもので、年始礼に来たものはそのまえで酒をくみかわす。松は大てい正月七日にとる。した

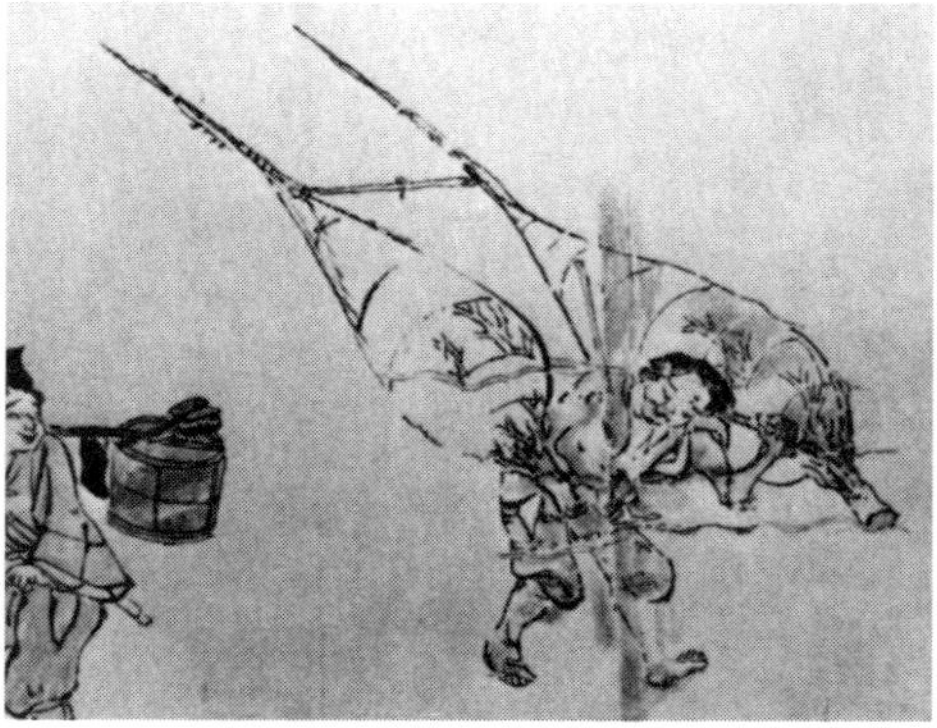
門松売り（『西行物語絵巻』より）

がってこの間を松の内といっているが、その松は一月十五日の小正月の日に焼きすてる習俗があるが、九州ではむしろ一月六日、または七日にとって、その日に焼くことが多い。これを鬼火または鬼火たきといっているが、そのほか門松をやく火祭りは左義長、ドンド、三九郎、鳥小屋などとよばれ、各地ともいろいろな行事をともなって残存している。

幸木（さいわいぎ・さいぎ）

幸木には二種類ある。その一つは、門松の根もとに割木を三本五本または一五、六本も立てかけておく。この風習は西日本各地に見られ、四国西南部では、割木を門松の根方にうず高く積み上げている例も見られた。もう一つの幸木はスギなどの丸太を入り口をはいった庭の壁に横につり下げ、それに魚や海藻・野菜などをかけておいて、正月の間にそれを少しずつとってはたべて二十日には完全にたべてしまうことにしている。この幸木にかける魚はブリ・タイ・タラなどが多く、いずれも塩物である。海藻では、コンブ・ワカメ・ヒジキなど、野菜はダイコン・ニンジン・ゴボ

門松（『日本歳時記』より）

ウなどが主である。この幸木の両端か中央に、ダイダイ・ウラジロなどを飾っておくこともある。九州南部では幸木を「おおばんざお」といっている。四国西部では、幸木に食物はかけないで、藁縄で一二（閏年は一三）の結び目をつくり、それを庭の向こうにかけておく風習が見られる。これを十二ふしといっている。また中部地方では神棚の下に竹竿を横につり、これに塩魚・コンブ・野菜などをつって神にそなえる風習がある。これは幸木とはいっていないが、幸木とまつり方は同じである。食物をかける幸木は食物のゆたかであることを祈り、薪を積み重ねておくのはその年の薪がじゅうぶんにあることを祈ったものである。

幸籠（さいわいかご）

古俳書に幸籠は幸木に同じだとある。しかし正月の食物を籠に入れておく風習はほとんど見かけない。幸木のかわりにタケを用いるところは島根地方には多く見かけ、みのぐみといっている。このタケに、いろいろの食物などを籠に入れてつるすことがある。また藁で作った椀状の籠を椀こ・やすこなどといって門松につける風習が信濃・三河地方に見られる。こうした習俗に幸木に類する庶民の感情を見ることができる。

掛鯛（かけだい）

正月に小ダイを二尾腹合わせにして、口と鰓《えら》に藁を通して結び、神棚の前または下に掛ける風習がある。正月ばかりでなく、恵比須講のときなどにも見られる。タイが向かいあった形なので、にらみ鯛などともいった。瀬戸内海の海岸地方ではこのタイは魚売りから買うことは少なく、晩秋のころ地びき網をひきにいって、ひきあげた中に適当なタイがあると、網主からもらって帰り、干して正月に用いることが多かった。これは初尾の意味がつよかったからであり、買って来たのでは初尾にならない。初尾は初穂とおなじもので、初めてとれた魚を神にそなえる風習が各地にある。初尾も必ず二尾を腹合わせにしてくくって神にささげている。掛鯛は竈の上にかけておくところもある。タイのとれないところでは他の魚を用いる。この魚は田植のとき食べると、達者で暮らせると信じられている。

新年を飾る

松竹梅

マツが常緑樹として尊ばれたことは、正月の門木にマツを用いたことでもわかるが、これにタケを添えるようになったのは鎌倉時代からといわれる。冬をしのいで青々としていることからその節操にあやかったという。また、マツにウメを添えるようになったのは江戸時代にはいってからではないかと思う。門松ばかりでなく、家の中には拝み松というのを立てる。これにも夕ケとウメを添える。この三つのものを盆栽にして床に飾るようになったのが関西地方の「せきだい」であり、蓬莱にも松竹梅をたてている。これらも拝み松から変化したものと思われる。そのほか入り口にかける注連縄にも松竹梅を飾る。最近はそれを自然のままのものを用いないで、模型の細工物をつけていることが多い。

楪（ゆずりは）

正月の吉相を祝うものとしてユズリハを用いることは古かったようで、『西行物語絵巻』に正月の飾り物を売りあるいている品物の中にユズリハを見いだすことができる。ユズリハは新しい葉が出ないと去年の葉が落ちないものである。世代の交替もあととりができて親が去っていくのが理想的であり、ユズリハの生態にあやかって家々の正

正月飾り売り（『西行物語絵巻』より）

ユズリハ

しい世代交替をねがったものであるという。ユズリハは注連縄にも取りつけ、また神棚の花立てや蓬萊にも立てる。また鏡餅をかざるときにもこれをそえる。「だいだい重ねて孫にゆずりは」などといってダイダイとユズリハは正月の飾り物にはなくてはならぬものであったが、東北地方ではこの木はあまり見かけられず、したがって飾り物として用いることも少ない。

歯朶（しだ）

シダを飾ることはすでに『西行物語絵巻』にも見えているから、平安時代から正月飾りの一つとして尊ばれたものであろう。常緑であることと葉が双出することから長寿で夫婦円満を意味するものといわれた。これを門口の注連縄ばかりでなく輪注連にもつけて墓・勝手口・便所、その他いろいろのところに掛けた。蓬萊盆の底や、鏡餅の下にも敷いた。

橘（たちばな）

タチバナは、「時じくの香ぐの菓《このみ》」といわれたものであり、常緑の喬木で今日紀州ミカンとか小ミカンといわれているものである。温州ミカンよりも実が小さく、皮ははなれやすい。しかしすっぱくて食べ

タチバナ

るには適しない。この実は不老長寿の薬と考えられて古くから尊ばれ、正月にはこれを注連縄・蓬萊などにそえて祝ったものである。

橙（だいだい）

ダイダイは常緑の小喬木で実は比較的大きく、球形。汁をしぼって酢として用いるため、西南日本にはもとは各戸に一、二本ずつ栽培されていた。風邪のときは煎じて飲めば効能があり、流行病のときなどこれを焼いて、入り口につり下げると病神が家にはいらぬともいわれた。前年開花して実ったものを今春とるところから越年果実としてダイダイと呼んだといい、ダイダイを代々と語呂を合わせて、家が世を重ねてつづいていくようにと正月の注連飾りや蓬萊に飾りつけた。ただしタチバナを飾ればダイダイは用いない。ダイダイを飾るのは瀬戸内海地方に多く、鏡餅の上に乗せて飾る場合が特に多かった。

ダイダイ

柑子（こうじ）

コウジの実は直径三センチあるかないかの小さい平たいミカンで、味は淡泊、酸が多い。本州の暖かい地方にはよく見られたが、いまは少なくなった。九州南部や瀬戸内海の蒲刈島には特に多く、正月にはこれを注連や蓬萊に飾ったし、また盆や三方に載せて神前にそなえ、おろして食べもした。タチバナやダイダイとおなじように不老長寿を祈ったのであるが、食べられるのが特色である。これらのミカン類を飾るときには必ず、一、二枚ずつ葉をつける。

柚柑（ゆこう・ゆず）

柚柑はユズのこと。ユズもミカン類の一種で、常緑小喬木。芳香を持つゆえに、そのにおいが悪病をはらうと考え、流行病のときはダイダイ同様に家の入り口につり下げることが多かった。ただしこのほうはダイダイのように皮を焼くことはなかった。タチバナなどと同様に不老長寿を祈って注連縄や蓬萊に飾ることはあったが鏡餅の上に載せることはあまりなかったようである。もともとダイダイの代用として用いたようで、瀬戸内海地方では「しょうことなしの柚子の木」といっている。ダイダイがないからしょうことなしにユズを用いる、との意である。

藪柑子（やぶこうじ）

ヤブコウジは山地の樹陰にはえる、小さい常緑の灌木。柑子類とは全然別のものであるけれども、柑子という名のあること、常緑である

ユズ

ことから、ミカン類のないところではこれを注連縄や蓬萊にそえて飾る。特に蓬萊にはこの赤い小さいつややかな実をそえると色彩的にひきたつので喜ばれる。

蜜柑（みかん）

ここにいうミカンは温州ミカンではなく、小ミカン・八代ミカン・紀州ミカンなどといわれる小果のミカンである。江戸から西南九州にいたるまでの間では正月にミカン類を飾るのは当然のこととされていた。そしてその地方に育成されるミカン類を飾ったのである。おそらくもとは紀州以西の習俗であったと見られ、紀州でも四〇〇年をさかのぼることはないであろう。そのころ九州からミカンの樹がもたらされているのだから。ところが、江戸時代にはいってこの習俗が江戸へ移る。上方人が多数江戸へ移住したためであろう。そしてそのミカンは紀州有田地方から主として送られるようになる。紀国屋文左衛門の話はこうしておこるのであるが、江戸時代には有田地方にはすでに江戸送りのミカン出荷組合ができていた。

蜜柑の選別と荷造り（『紀伊国名所図会』より）

串柿・乾柿（くしがき・ほしがき）

カキは熟したときに食べたばかりでなく、皮をむいて、竹に貫いて干しておいて食べる風習がはやくからあり、十四世紀末ごろに書かれた絵巻物『慕帰絵詞』のなかにも見えている。串柿はもとは甘味として用いたばかりでなく、これをたべると病にかかりにくいと考えられ、北海道で働く漁夫は必ずこれを食べたものだという。今でも北海道でのカキの消費量は多い。そうしたことから串柿はまた正月に食べなければならない食物の一つとして、注連縄につけて飾ったばかりでなく、蓬萊台にも載せておいた。そして客あればこれをすすめたのである。一方カキはかき取る意味から幸福をかき集めるともいわれ、また、かきのぼる意味もあって、出世をのぞむものは必ず食べるという。いわゆる嘉例食物の一つであった。串柿ばかりでなくつるし柿も正月の飾りや食物に用いられている。

榧（かや）

カヤは山地にはえている常緑の高木。秋に褐色の種ができる。この種殻のなかに脂肪にとんだ肉質があり、炒ってたべ、またときにしぼって油をとる。この実をたべると体内の毒を消し、また寄生虫をおろしてしまうといわれ、昔から薬用の一つにし

串柿（『慕帰絵詞』より）

ていた。またこの実をくだいて味噌などに入れるとくさりにくい。こうした理由から、正月の嘉例食物の一つとして蓬萊盆に載せられ、いわゆる嘉祥食としたものである。新潟県佐渡南部はカヤの特産地で、正月用のために、毎年何艘というほどの船が大阪にこれをはこんだといわれる。

搗栗（かちぐり）

クリをゆでて干しておくと中の実は水分がとれて収縮し、皮との間が離れる。それを臼に入れてつくと外皮と渋皮がとれる。これを搗栗という。搗つは勝つに通ずるので、昔から武士に喜ばれた食物であった。そこで正月の嘉例食物として蓬萊盆に載せて来客の食物の一つにした。クリはその実をたべただけでなく、正月の雑煮をたべるとき、クリの木箸を用いる風習が西日本に広く見られる。クリはただ勝栗の語呂合わせばかりでなく、耕作や手入れのわずらわしさがなくて実のとれる作物の一つであり、救荒作物としても重要で、その実の保存には心をくばった。クリをたべることは、食物のゆたかであることを祈

カヤの実

クリの実

る気持ちもつよく、いわゆる喰積《くいつみ》の風習の一つとも見られる。搗つが勝つに通ずるというのは後の解釈であろう。

梅干（うめぼし）

梅干しが副食物として用いられたのは古くからのことのようである。ウメの実は酸味がつよく、その酸味のゆえに薬用として用いられたが、塩をして壺にたくわえ、また干しておけばいつまでもくさらない。シソで赤く色をつけた梅干しを蓬莱盆に載せてそなえた。梅干しはしわが多いので、これを食べればしわの多い老年まで長生きするとも考え、また梅干しは体内の毒を消して健康ならしめるとも考えた。そこで、元日の朝は茶の中に梅干しを入れ、これを福茶といって飲む風習が西日本の民間にひろく見られる。屠蘇酒にあたるものである。

野老（ところ）

トコロはヤマノイモ科に属する。ヤマノイモ科には、ヤマノイモ・ナガイモ・トコロ・タチドコロ・カエデドコロ・キクバドコロなどいろいろの種類があり、ただトコロという場合にはヤマノイモ科すべてをさしているようである。トコロを野老と書くのは、いもに長い鬚根

カエデドコロ

を生ずるからだというが、農民の感覚としては鬚根は問題ではなく、このいもがきわめて長いことから命の長いことを想定し、また他のいもは毎年掘りとるものであるが、トコロだけは何年土中においてもよい。長くおけばおくほど、大きくなるものである。そのことから、年をとればとるほど健康で栄えるものとして縁起ものの一つにしている。トコロは蓬莱盆に載せて飾る。

庭竈（にわかまど）

庭竈は奈良地方の独特の風習のように思われている。西鶴の『世間胸算用』によると、正月に奈良の家々では庭に竈をつくって、むしろを敷き、一家の者がそこで食事もし、また人の応対をする風習があった。この風習は奈良の山間には残っている。奈良の民家はウダツとオチヤネになっていて、オチヤネの下にかまど・たなもとなどがならんでいる。いずれも土間にあるのだが、正月になると、このかまどの火を消して台所（床がついている）に近い所にかまどを築き、神社などから火種をもらって来てその火で正月の食物を煮たきして食べる。この火は年越しの夜、神社の境内で燃す福火をもって来る。庭竈はもとは奈良だけの風習ではなかったようで、大阪府能勢地方でも、第二次大戦前までは正月になると庭にむしろを敷き、そこに米俵をすえ、それにマツを立ていろいろの嘉例食物を供えて蓬莱をつくり、年始の客が来ると、客はこの蓬莱を拝み、そのまえで酒をくみかわした。こうして昼間は三日の間、庭で生活した。庭にいろりもしつらえたが、後には庭に蓬萊だけおいて、客は座敷で迎えるようになったといわれる。また、江戸吉原の遊女屋では正月元日より十五日まで、庭火といって店から勝手へ上がるところで火をたいた。これは女郎たちが回り番でたいたもので、大きな遊女屋では二月初午ごろまでたいた。しかし普通は正月三ヶ日で、庭にむしろを敷いて居所を改め、別火でたいた雑煮を食べた。

年男（としおとこ）

正月の神を迎えて、その祭りを行なうものとして年男が定められる。一家の主人が斎主になることもあれば、長男が行なうこともあるが、大きな地主の家などでは鍬頭と呼ばれる作人の頭がこれにあたる例が東北地方には多く見られる。最近では節分の豆まきをする者をも年男といっている。もともとは前述のように正月神をまつる男のことで、それぞれの家に一人ずついるわけである。年男の仕事は年の暮れの煤払いの仕事から始まり、次に年の暮れに山へ門松・年木を迎えに行き、大晦日には、年神棚をまつり、拝み松や門松をたて、注連縄を張り、それぞれの場所に餅をそなえ、また蓬萊盆（台）をつくり、夜十二時を過ぎれば、若水を迎えて来て雑煮をたき、家内の者にふるまう。そして正月三ヶ日は年男が炊事にあたって、女には炊事をさせないところも多かった。正月の回礼も年男が行なうところがある。長野県北安曇郡などでは年男は正月三日間は年神棚の下にござを敷いて寝る風があった。それは物忌み生活の名残と見ることができる。しかし年男の慣習は今日ではずいぶんすたれて、僻地をのぞいてはあまり見かけなくなった。年男のことを伊豆地方では節男、栃木・山形県では若男、壱岐では祝太郎といっている。なお西日本では女が正月神をまつることがあり、これを年女といっている。

若水（『温古年中行事』より）

若水（わかみず）

若水は中古宮中で立春の日に主水司《もいとりのつかさ》から天皇に奉ったものであるといわれる。吉方（恵方）の井戸をえらんで、その水をくみ、その水を朝餉のとき、台盤所の女房が、大土器に入れて折敷にすえ、天皇に奉ったが、後には民間で正月の朝くむものになった。正月を迎えるにあたっては、まず年男を定め、これがくむことになっている。ただし西日本では女がくむこともある。除夜の鐘がなると、井戸にゆき、吉方に向かって拝み、唱えごとをして水をくみ上げる。その手提桶や柄杓は新しく作ったものを用いることが多い。夜中に水をくむのであるから松火をともしてゆく。この松火を若水松明《たいまつ》といっている。くんだ水に、井戸枠のところに供えておいた餅をおとし入れ、餅が上向きになればその年は豊作、裏向きになれば不作といわれている土地もある。井戸ばかりでなく川水をくみにゆくところもある。この水で年男が雑煮をたく。雑煮が煮えると家人をおこしていっしょに食べるのが普通である。若水のほかに若潮というのがある。西日本には広く分布していて、山中からも海岸地方へ潮くみに来るものである。

雑煮（ぞうに）

雑煮を北九州各地ではノーレエ・ノーライなどといっている。直会のなまりであろう。直会は神饌をおろしていただく行事である。したがって正月の雑煮は、年迎えをするために年越しの夜、神に供えたいろいろなものをおろして、いっしょに煮てたべた名残と思われる。雑煮の様式は各地でいろいろ違っている。大きく分けて関西では丸餅を用い、関東では切り餅を用いる。神に供えたものということになれば丸餅のほうが正式であろう。この餅を関西ではフクデと呼ぶところが多い。また餅を煮るのに関西ではみそ汁、関東ではすまし汁が多く用いられる。しかしこれははっきり区別があるのではなく、かなり入り

雑煮（『絵本艶庭訓』より）

まじっていて、山陰地方にもすまし汁のところが少なくない。またこのほかにあずき汁に餅を入れる所もある。今日見られるぜんざいと同様のものであるが、これは志摩半島の漁村や島根県八束半島から東、石川県あたりまでの漁村に分布している。そして新潟まで北上すると、切り餅の上にゆであずきをのせたものを雑煮として食べているが、それから東、東北地方では、切り餅の上にニンジン・ゴボウその他の野菜などを煮たものをのせてあって、汁のともなわない雑煮が見られる。ただしこれは第二次大戦前のことで、しだいに東京式の雑煮になりつつある。関西では餅は焼かないで煮るが、関東では餅を焼いて汁の中へ入れてたべることが多い。つまり雑煮には一定のきまりというようなものはほとんどなかったのである。また、汁に入れる具（野菜類）なども土地によって違っており、年越しの夜、年神様に供えた豆腐・コンブ・するめ、あるいは幸木にかけてあるブリのような魚なども入れるところもあり、北陸・東北ではサトイモ・ダイコン・ニンジン・ゴボウのような根菜類が多く用いられている。東京ではコマツナが多く用いられる。雑煮は全国にわたって食べられているが、なかには若干食べていないところもある。落人伝説のある地に多く、大晦日に逃げて来て、餅をつくこともできなかったといいつたえている。今日のような雑煮の起源はそれほど古いものではなく、室町時代ごろからのものではないかと見られ、古俗を守るものはかえって雑煮を食べなかった。鳥取県などでは正月に歯固めの餅といって年の暮れについた餅を、そのまま正月の朝に食べる風習も見られる。また秋田県の山地などでは切り餅を煮たものと、節料理を別にし、節料理をおかずにして餅を食べる風習もある。節料理というのはサトイモ・クロマメ・するめ・コンブ・ゴボウ・ニンジン・干し魚などを、それぞれ別々に煮たものを重箱に詰め合わせたものである。節料理は今日も各家庭でつくっている。雑煮は普通正月の三日間たべる。家によっては六日までたべ、七日の七草粥をたべるとそれ以後はたべないともいう。小正月には雑煮はたべず餅の粥になる。

浜拝（はまおがみ）

正月元日に瀬戸内海の塩田では、それぞれの浜師が自分の家の塩田へゆき、そこにある塩屋へいって入り口に注連縄を張り、屋内にまつってある塩釜明神に灯明をともし、餅・洗い米・御神酒・肴などを供えて拝む。この時浜大工（浜子の頭）も同行する。さて、それが終わって家に帰って来ると、浜子たちが待っていて、そこで酒宴になる。このときその席につらなった者は、その年一年間はその塩浜で働くことになる。昔は浜師も浜子もいっしょに塩屋の塩釜明神を拝みにゆき、そこで酒宴をして来たという。

鍬始（くわはじめ）

鋤初《すきぞめ》ともいっている。正月二日、四日、十一日と、地方によってこれを行なう日が違う。関東地方では四日に行なっているところが多く、一鍬《ひとくわ》といっている。その朝、吉方の方角の田へ向かっていって、田の土を三鍬おこしてその上にマツを立て、マツの下に白米少々をそなえてもどり、鍬を洗ってそれを箕に入れ、一升枡に餅を入れてそなえる。中国地方の山中では鍬始めは一月二日でウシをつれて畑へゆき、犂をつけて畑を「の」の字にすいて、そこへカヤを立ててくる。十一日は鍬始めのほかに田打ちといっているところが多い。静岡県では田の上を一二ヶ所一列におこし、その上にカヤを立てる。幣を立て添えることもある。一列に一二おこさないで、一ヶ所に土を盛り、そこにカヤを立てることもある。長崎県や宮崎県では耕《う》ち初めといっており、カヤの代わりに、ユズリハを立てる。そしてユズリハの下に米を紙に包んでそなえている。その米を茨城県北部ではカラスを呼んでたべさせる風習がある。米を早生・中生・晩生の三つに分けておき、とんできたカラスが最初に早生を食えば早生が豊作、晩生の米を食えば晩生が豊作と判断するのである。東北地方の雪のあるところでは雪の上を田と見たてて鍬でおこして、そこに藁や大豆がらを苗に見たてて植えることもあり、これを庭田植といっている。鍬入れ・鍬始め・一鍬・田耕ちなどおなじ行事の地方名である。

鍬始め（『大和耕作絵抄』より）

六日年越

長野県南安曇郡では正月六日を六日年といい、年越しをしているが、そのほかの地方でも六日に年越しをする所は少なくない。特に九州地方に盛んで、この夜は邪鬼の横行する日だとして、鹿児島地方では鉄砲を打って鬼を追い、人びとは家にこもって年とりをする。対馬などでも忌籠りを行なう。そして七日の朝にたべる七種粥は、六日年越しの雑煮とも考えられる。六日年越しは室町時代の終わりごろから始まったものか、『言経卿記』慶長九年（一六〇四）正月六日の条に年越しの祝詞は例年のとおりであるとあり、『後水尾院年中行事』にも六日年越しの記事が見えている。

正月中には何回も年をとらなければならなかったのは一つには前年が悪い年であった場合、その凶事を断ち切ってしまわなければならないためであったらしい。六日年越しというのは民間でもその理由のはっきりしない年越しであったので、長野県北部では仏様の年越しといっており、近畿地方では六日は神様の年越しだともいっているが、別に神への供物を丁重にするようなことはなく、門畑へはいることを忌む。中部地方では八丈の年取りといっている。八丈というのは正月につくるいちばんりっぱな注連で、台所の上がり端のところにまつる飾り松につけてある。同じ日、小川へ行ってカニをとり、それを年取り肴にしたり、木の枝にさして戸口の上にかかげておくと流行病を防ぐことにもなるといっているから、節分と似通った行事とも見られる。

九州地方ではこの日鬼火《おにび》といって正月の注連飾りなどを集めて焼き、そのおり、鬼と書いた紙を焼き捨てることもある。小正月に行なう行事をこの日に行なっているのだが、鬼やらいということになると節分に近い行事になる。事実、鬼火たきの盛んなところでは、節分の行事はかすかになる。

埼玉県では馬の年越し、福岡県では牛の年越しともいう。人間のほうは大晦日に年をとっているはずであるから、人間以外のものが年をとる日だと考えたのであろうが、長野県伊那郡では六日年と大晦日とで一対になるとし、一つをはずすと片年取りとしてきらったという。この日の年取りには麦飯をたべるところが多い。いずれにしても六日は東北地方を除いては大事な節日の一つとされたのであるが、もともとは、六日が大正月の終わりの日としてとうとばれたのではないかと思われる。

若菜摘（わかなつみ）

若菜というのは正月上子《じょうね》の日に内膳司から七種の新菜をあつものとして奉ったのである。その七種は春の七草といわれるもので、セリ・ナズナ・ゴギョウ・ハコベ・ホトケノザ・スズナ・スズシロであった。七種でなく一二種を献上することもあったという。『宇津保物語』に「若菜など調じて御子の日に参らせん」とあり、『枕草子』にも「七日の若菜」云々の記事がみえる。平安時代には盛んに行なわれたと見られるが、それが上子の日から六日の行事に変わっていったことが知られる。そして若菜の粥をたべる日が七日になってくるのである。この若菜摘みのことを京都府中郡〔現京丹後市〕では若菜迎えといっており、六日に野で摘んで来た七草をその夜たたいて小さく刻んだものであった。

七日（なぬか・なのか）

七日は通常七草行事の行なわれる日である。七草はセリ・ナズナ・ゴギョウ・ハコベ・ホトケノザ・スズナ・スズシロということになっているが、民間では必ずしもそうなっていない。新潟県地方ではニンジン・ゴボウ・ダイコン・クリ・くし柿・タラの芽などで、タラを加えるところは広く、これらのものを俎板の上にのせて庖丁や杓子をもって細かく刻んでゆく。これをセンタラタタキ・タンタラタタキなどと新潟・山形地方ではいっている。そして、そのとき、はやしことばが伴うが、それは鳥追い歌である。鳥追いは小正月に行なわれる地方が多いが、菜をたたくのも鳥追い行事の一つであったと思われる。七草を入れた粥をたいて食べると病気をしないと考えられた。そして七歳の子どもは近所七軒の家から七種粥《ななくさがゆ》をもらって食べると運がよく、また病気にならぬとて、西日本では各地にこの風習が見られ、ナナトコイワイ・ナナゾウスイ・七軒ガユなどともいっている。また九州では鬼火《おにび》を六日ばかりでなく七日に行なうところも多かった。長野県遠山地方ではこの日、サガナガシ、またはネムリナガシという行事をする。六日の晩にとり払った松飾りを川へ流すのだが、サガというのは災いを意味することばのようであり、災いを流してよい年を迎えたい意味をこめた行事であろう。ネムリナガシ（ネブタ流し）はほかの地方では多く七夕に行なわれる。

松の内（まつのうち）

通常元日から七日までの間をいう。しかし、元日から十五日までを一連の祝日と考えて、松の葉中《はじゅう》といった例が宮城県柴田郡にあり、また九州阿蘇地方でも正月十四日、十五日を松上がりといっている。そのほかにも十四・十五日に正月棚をおろしたり、あるいは大正月のあがりと考える地方もある。事実そのように考えている地域のほうが広い。そして六日の夜か七日に松飾りは取ってしまう。これを松送り・松納めといっている。六日以前に取ってしまう例もあり、淡路・仙台・三重などでは四日に取り去る所もある。だから正月からそれまでの間が松の内である。マツは取ってすぐ焼く九州地方の例もあるが、十四・十五日に焼くところも広い。門松を取り去ったあとへ、一五―一八センチの小枝をさしておく風習が関東から三河（愛知県）地方にかけて見られ、これを留守居松といっている。

飾納（かざりおさめ）

大正月の飾りをとってしまうのはたいてい六日だが、それを座敷の一隅に集めておく。土地によっては正月十四日に取り去るところもある。それらのものを正式に処分するのは正月十四日か十五日である。福島県の太平洋岸では子どもたちが正月飾りを集めて歩いて、それで村はずれの田などに小屋をつくり、その中で、家からもって来た餅などを焼いてたべ、十五日に焼き捨てており、関東から中部地方へかけても、飾りもので小屋をつくって子どもたちがそこに集まって飲食する。そして十五日に焼く。長野県では三九郎焼きといっている。関西地方では、正月の飾りもので高い鉾状の山をつくり、十五日に火をかけて焼き、これを左義長といっており、備後地方では神明様といっている。九州のように六日に飾りをおろして七日に焼くところもある。鬼火たきがこれである。正月飾りは海に流すところもあるというが、そういう例はきわめて少ない。火の燃える音からどんど・とんどなどといっているところが多く、火をかけて焼くのが通例になっている。東京のような大きな都市では、各戸で飾りをおさめても焼く所がないので、飾りつけた鳶職の者が集めに来て処分してくれる。しかしその一部は浅草寺の境内などで焼かれてもいる。

心竹（こころだけ）

名古屋では正月門松を取ったあとへ、マツの木を割ったものに横に一二の筋をひき、閏月のあるときは一三本をひき、大家の門に立てかけておいた。小身の家にはこのことをしなかったという。また心竹といって高いタケを一本立てる。そしてこれに鏑矢《かぶらや》を飾る。長野県松本などでももとは町の中央に高さ一〇間ばかりの大柱を立て、これに松竹を飾り御柱といった。市中の子たちがその下に集まって、水をかけあって遊び、そのあとその下で食事をともにした。名古屋でマツの代わりにタケを立てる風習は第二次大戦前まで見られ、戦時中は消火用の火たたきの竿を門松の代わりに立てていたこともあった。また、山口県大島町では門松のほかに屋敷の入り口に背の高い笹竹を二本立てる風習も見られた。ここでは注連竹といっていた。

餅間（もちあい）

餅あわいともいう。その期間は正月八日から十五日までとも、七日から十六日までともいっている。岩手県地方では正月七草までを大正月ととなえ、八日より十三日までを餅あいといったという幕末の記録があるから、これが正しいと思われる。十四日には小正月の餅をつくため、その中間という意味である。新潟県古志郡では十四日までを餅中といっている。その間は餅をつくような行事がなかったのであるが、のちにはしだいに変わって来る。すなわち正月十一日に鏡開きをするところが多くなると、餅間の期間はほとんどなくなり、また土地によっては十一日に田耕《たう》ちぞめを行なって餅をつく風習も見られ、茨城県南部では十一日を田耕ち正月と呼び、餅を枡に入れ、それを箕にのせて、耕ちぞめして来た鍬に供える風習が見られる。そういう地方では餅間の観念はなくなってしまう。

松過ぎ（まつすぎ）

大正月は七日をもって一応終わる。それからさきが松過ぎである。関西では十五日までを松の内とし、それからさきを松過ぎといったというが、それは後来のものであったらしく、都会地を離れた丹波（京都府・兵庫県）・摂津（大阪府・兵庫県）などでは、マツは七日に取り、そのあとへ若木を立てていた。若木迎えは四日にするところもあり、七日、十一日にするところもある。若木はマツ以外の常緑樹で、十四日か十五日に取り去って焼く。このほうが古式だったよう

鏡開き（『北斎漫画』より）

で、全国の山村の諸所に見られる。九州山中・中国山中などにもあり、九州では門松は六日か七日に焼いている。関西では、七日に門松を取って若木を立てるところを、そのまま門松を残して若木の代わりにしたものかと思われる。「松をとると気がぬける」といい、しばらくの間はみなぼおっとしていたものである。

居籠（いごもり）

一月九日の宵戎の夜、摂津（兵庫県）西宮では西宮の夷神が広田神社へ神幸せられると信じられており、氏子はこの夜は外へ一歩も出ることがなかった。男神はみにくい神で、その姿を見られるのをきらうためだといわれていた。祭りの前夜に忌みこもる風習は各地に見られ、高知市一宮の居籠り（三月十一日—十三日）、島根県大田市物部神社の居籠り（十二月六日）などは有名なものである。

亥巳籠（いみごもり）

居籠りは忌み籠りともいう。その忌みを亥巳にかけて、亥の日から巳の日まで籠る風習を持つものに兵庫県加古川市日岡神社の亥巳籠り祭りがある。正月の亥の日から巳の日までの行事。忌みにはいる前日には食糧の準備をととのえておき、亥の日になるとすべて休業し、戸をしめ刃物・庖丁の類はしまいこみ、竈口にはふたをして戸障子には布または紙などまいて音をたてぬようにし、御見舞といって日岡神社へまいるほかはいっさい外出しない。亥巳籠りの第四日めを中の宵といってこの夜は火をたき、刃物の使用、入浴も許された。日岡神社は五瀬命（神武天皇の皇兄にあたる）をまつる。このように長い間忌み籠る風習は出雲佐太神社のお忌み祭りにも見られる。神を迎えるための物忌み生活が厳重であった時代の名残であろう。現在は行なわれない。

小年（こどし）

大年に対することばで大正月の年越しを大年といっているのに対して、小正月の年越しを小年夜とか小年越しといっているところは少なくない。関西地方では十四日年越しともいっており、この日門松・注連を取り去るところが多いが、女の節分ともいって厄除けをしている。長野県の東部でも十四日夜に年取りをしているが、そのとき神にそなえる団子をまるめるところからマルメドシなどといっている。正月十五日からのち一週間ほどの間をはっきりと小年といっているのは新潟県地方であって、大年ほど広く行なわれてはいない。

十四日年越

十四日年越しは小正月の年越しである。唐制の朔日正月の行なわれる以前にはこの年越しのほうが一般のものであったと思われ、古くは農家ではこの夜、小正月の花をつくった。十四日年越しは「十四日年」（阿蘇）、「望年《もちどし》」（九州南部）、「望の年越し」（宮城県名取郡）、「小年越し」（新潟）などいろいろの呼び方があるが、もとは大事な日であり、熊本県阿蘇地方では前年とれた初穂の米を、この夜大黒様に供えて十五日朝たいて食べる。その他の地方でも恵比須・大黒・荒神などに供えものをして年をとる。そこで恵比須・大黒・荒神の年取りと考えている者も少なくないが、これらの神はもともと農家にあっては農神と考えられていたもので、小正月が農神の祭りを中心にした年取りであったことがわかる。東北地方では十三日か十四日に餅つきをして、粟穂・稗穂・繭玉などをつくり、家の梁に結びつけ、青森県下北地方では夜の十二時ごろになると、魚のひれか皮かを餅と

餅つき・繭玉づくり（『大和耕作絵抄』より）

ともに串にさしはさんで戸口にさして、ちょうど節分のようなことをし、また秋田から新潟地方へかけてはこの夜鳥追いを行なっている。村にわざわいするものを追い、作物のみのりのよいことを祈ることにこの年越しの意味があったようで、大晦日の夜りっぱな膳をつくって年取りをする風習とは違い、いたってつつましい年取りであった。

鬼打木（おにうちぎ）

おにぎ・にゅうぎなどともいう。鬼を払うために立てる木だと心得ているものが多い。にゅうぎという名は愛知・静岡両県に多く、鬼木は長野県南部で用いられている。クルミ・ネムの木・カシの木などを長さ約三五、六センチぐらいに切って、その一面をけずって十二月とか横線を一二本引いたものを十二書き、鬼書きなどといっており、この木を神仏の前にそなえ、また入り口に立てておくこともある。この木の一端に人の顔をかいて屋敷の入り口の両側に立てるのを神奈川県の西北山地では門入道《かどにゅうどう》といっているが、門にゅう木から来たものであろう。正月十四日の晩に立てる。にゅうぎは正月二日かまたは四日の初山入りのときに山から切って持ってくるというところが多い。それを小正月に神にそなえるのである。伊勢神宮付近では鬼押木《おにおしぎ》とて入り口の左右に一本ずつ立て、それに消し炭で一二本横線を書いている。また度会郡二見町ではマツかカシを二つに割って、平らな面を消し炭でぬったものを入り口の両側に立て、これを鬼押木といっている。

正月ではなく、節分の夜、門口にタラの木を切ってきてトベラの葉とともに立てかけておく風習が瀬戸内海西部にある。この木を鬼ぐいとも鬼木ともいっている。鬼を追い払う木だとされている。現在鬼打木と呼ばれる言葉はきわめて少なくなっている。

小正月

朔旦正月を大正月と呼び、十四・十五日に行なわれる正月を小正月といった。小正月はちょうど満月のときであり、唐制の正月の行なわれる以前はむしろこの満月のときを正月として祝ったもののようである。そして小正月の小は小さいという意味よりも私を意味するもののようである。小正月を女の正月といっているところもある。小正月には農作の予祝行事の多いことを特色とする。粟穂・稗穂をつくったり、けずり花をつくったり、繭玉をつくったりする。いずれも作物の豊作

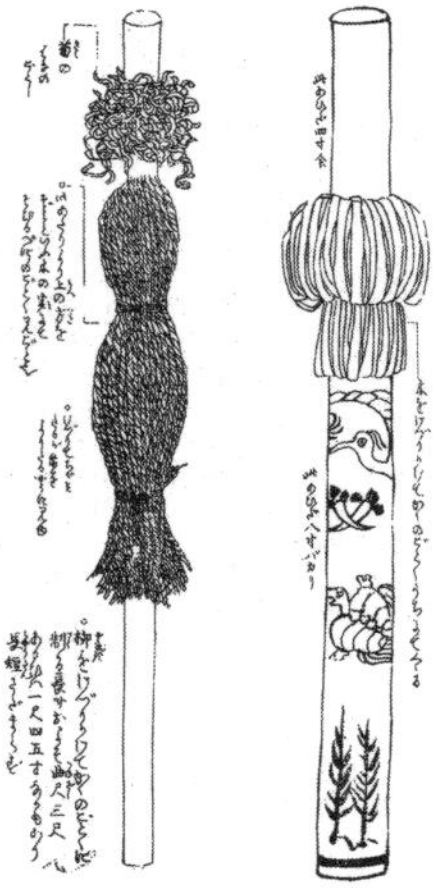
粥掻き棒（『骨董集』より）

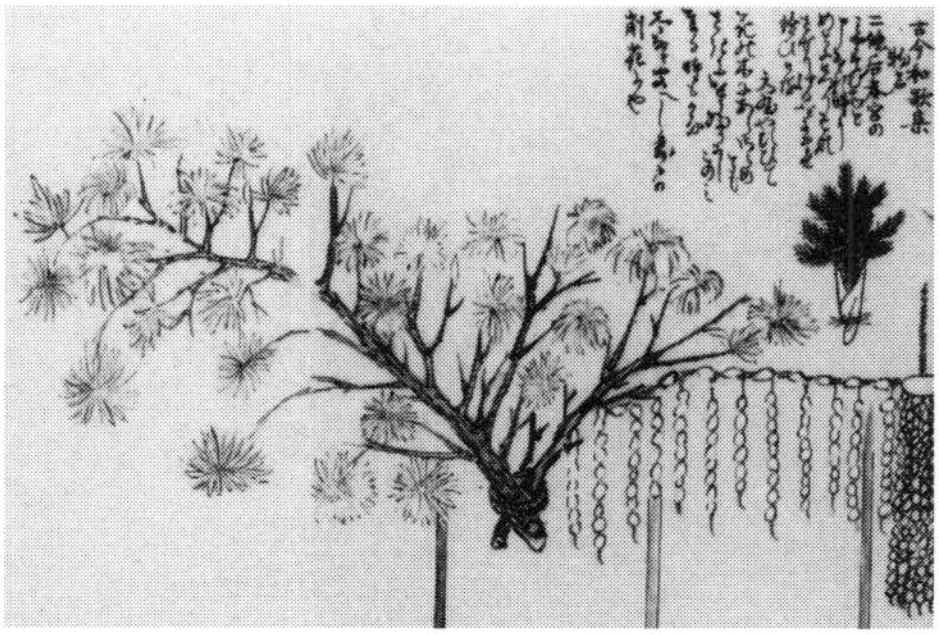
けずり花（『真澄遊覧記』より）

を祝うものである。またこの日、庭田植といって田植の風をする地方（東北）もある。そのほか、この日には年占をするところが多い。大きい釜で粥をたき、その中に箸や竹筒（粥掻き棒）などを入れ、それについた米粒によって豊凶を占うものである。また、作物に鳥のたからぬようにとて鳥追いをするところも多い。鳥ばかりでなくモグラなども追う（土竜打ち）。粥掻き棒などの祝い棒で女の尻をたたくと子をはらむといって、子どもたちが若嫁の尻をたたいてまわる風習（嫁たたき）が九州には広く見られる。果樹もよくなるようにと、なり木責めをやるところが多い。予祝といっても呪術的なもので、祈請的なものは少ない。

この日はまた大正月の終わりの日とも見られ、大正月に用いた注連飾りなどを一ところに集めて火をつけて焼いたが、なかにはその飾り物で小屋（鳥追い櫓）をつくり、青少年はそこを根城にして、鳥追いなどに歩いたものだが、これはもともとは正月神をおくる忌み小屋であり、それを焼き捨てることによって、正月神を送ることになったので

鳥追櫓（『北越雪譜』より）

もある。家々ではこの日餅を入れた粥をたいて食べる風習があり、これを望《モチ》の粥《カユ》といったが、豊作の実りを意味するものであったろう。農民にとっては大正月よりも重要な日であったが、新暦が行なわれるようになって急にさびれてきた。

粥釣（かゆつり）

粥釣りは高知県下にいまも残存している習俗であるが、もとはもっと広い範囲に分布していたようである。白米を三方に載せ、それにダイダイやユズリハなどを飾って床の間に祝い、正月十四日におろす。すると青年男女や子どもたちが仮面をかぶって「粥釣っとうぜ」といって、その米をもらってあるく。家々では三方をもって出ると、若者の仲間はその米を一握りずつもらう。青年男女の仲間は幾組みもあって、それらは別々にやって来てもらっていく。それを十五日にそれぞれの仲間で宿をきめ、そこで粥をたいて仲間が食べるのである。香川県では米や餅を七軒からもらって来て粥をたくといい、徳島県の山中では十四日の晩に子どもたちが藁製の農具・銭さしなどを持って家々をあるいて餅や銭をもらいうけ、それを左義長の小屋であずき粥にたき、できあがると「粥じゃ粥じゃ」とふれあるく。すると家々ではその粥をもらいに行って分けあって食べる。病気しないといわれる。粥の米をもらってあるくとき、水をあびせかけられることがあるので、蓑笠をつけて行ったという話もある。方々の家からもらった米を一つにしてたいて食べると強い健康な力が得られると信じられていたのである。

花の内（はなのうち）

東北地方で小正月から月末までを花の内といっていたというが、今はあまりきかない。小正月を花正月という例はある。伊豆神津島や埼玉県北埼玉郡で今もいわれている。小正月のつくり物に削り花や粟穂・稗穂などがあり、大正月のときマツを飾るのに対して小正月のとき、こうした花を飾るためであろう。菅江真澄の『霞む駒形』の岩手県胆沢郡徳岡村の記事に「いつも花の内は雪の降れるものなりといへり。十五日の削り花、またくろぎ（皮木）の稗穂、あか木（削木）の粟穂、または麻からなどを庭の雪に睦月晦日まで飾り立てればしか花の内とは言へるなり」といっている。もともとは小正月の間だけをいったものだと思われるが、こうして花を月末までたてておく例も見られたのである。

二十日正月

二十日正月は小正月とともに全国にわたって行なわれている節日で、いろいろの呼び名がある。九州地方で骨正月といっているのは、正月の年肴をこの日までにすっかり食べてしまって、残っている骨で正月の最後のご馳走をつくって食べるためであろう。また、この日を作物の取り入れの予祝をする日として、中部から東北地方へかけては稲刈り・粟刈りなどといっている所もあり、麻の祝い・繭玉かきなどといっている。中国地方では麦正月といい、島根県大原郡では麦畑の上に蓑を敷いてころがり「やれ腹ふとやシェゴ（背中）割れや」ととなえるふうがあったという。ムギが豊作で、腹いっぱい食べてお腹が割れるほどでありたいことを祈ったものであろう。これらの行事を通じて見ると、二十日は稲作以外の他の作物の予祝を行なう正月ではなかったかと思われる。

初三十日（はつみそか）

正月の末日を初晦日といっている例は新潟県十日町地方にあり、この日そばを食べ、大晦日には食べぬという。岩手・宮城県地方ではこの日を蔦《つた》の正月とか、蔦の年越しといっている。神前や門口につたを飾る風習があるからである。長野県佐久地方ではこの日餅をついて神々に供え、注連のうち（松の内）にゆけなかった家へ回礼にゆく。多くは一泊してくる。これを晦日ぜち、または晦日礼といっている。千葉県君津郡ではこの日を晦日宵《みそかよい》という。福島県では晦日正月ともいっている。正月中にすましきれなかった義理を果たす日だったのである。またこの日は餅をつく土地ばかりでなく、だんごをつくるところが多い。これを晦日団子という。長野・五島・盛岡付近に見られる。

春の風物

太郎のついたちと初灸

二月という月はその年のいろいろの仕事をはじめる月だと考えていました。そして二月一日は「太郎のついたち」とか「はつついたち」といって祝いました。正月のように餅をつくことはなかったが、団子などつくってかんたんに祝ったものです。

ただ鹿児島県では四十二歳のときにできた子どもが、はじめてこの日にあうときは、年のとりなおしといって、その家では正月とおなじように門松をたて餅をつき、またわらづとに餅をいれて道ばたの木にかけておき、道ゆく人にとってたべてもらいました。

四十二歳は昔から、厄年とよばれ、わざわいにかかりやすいと信じられており、その年にできた子どもにも不幸があるといわれていました。そしてそれからのがれるためには年のとりなおしをしたり、また大ぜいの人に餅をたべてもらうことによって不幸を防いでもらおうと考えたのです。

二月にはまた「初灸」という行事がありました。

大ていは若い男は男で、女は女でそれぞれ集まって、お灸をすえあうのです。

お灸はからだの中のところどころにあるツボとよばれるところへモグサをおき、線香で火をつけて焼くものです。熱くて痛いものですが、こうすると病気の者ならばそれがなおり、元気なものならば病気にかかりにくいと信じていました。そして一年中はたらいても、病気にならないようなからだを、二月のうちにつくっておこうとしたのです。

若い人たちが大ぜいあつまって行なうのですから、にぎやかなことで女たちはお米や野菜など持ち寄って、ごちそうをつくります。すると男たちは時間をみはからってごちそうになりにいきます。そして飲んだり食べたりうたったりして、たのしくあそんでわかれるのです。

子どもたちもこの行事に参加することがありましたが、熱くて痛いのは困るというので、お皿にモグサを入れてそれに火をつけたのを、子どもの頭にのせてしばらくおくというようなことも秋田・山形地方では行なわれていました。これを「皿灸」といいました。

お灸をすえる行事は二月だけでなく、八月にも行なうことが少なくありませんでした。衛生思想はすすんでいなかったにせよ、からだを大事にする気持は、昔も今もかわりなかったし、こういう行事を大ぜいで行なって、たのしく印象深いものにしたものでした。

山焼

奈良嫩草山の山焼きは太平洋戦争前までは二月十一日（もとの紀元節）に行なわれていたが、今は一月十五日の成人式の日に行なうことになっている。この日は日が暮れると山にいる人を全部降ろしてしまい、午後六時三十分に点火する。山の草は枯れきっていて全山が一面の火になる。それにあわせて盛んに花火をうちあげ壮観をきわめる。ふもとはこの山焼きを見る人たちで雑踏する。

この山焼きは昔東大寺と興福寺とのあいだに、この山の所属についての争いがあり、南都七大寺のうちの他の五大寺が仲裁をして山を焼いて仲直りしたのが事のおこりといわれているが、昔はカヤクサの山を春先に焼き払う風習は全国にあり、奈良の山焼きもそうした慣習に起因するものと思われる。なお嫩草山では明治十年代に牛の放牧が行なわれたことがあるが、それ以前は草刈場として利用されていた。したがって山焼きは採草のためによい草をはやすことを目的の一つにしていたことがわかる。

鶏合（とりあわせ）・闘鶏

闘鶏は実に古くから行なわれていたようで、『日本書紀』によると雄略天皇の御代にすでに行なわれている。また『三代実録』元慶三年（八七九）二月二十八日に天皇が弘徽殿《こきでん》で闘鶏を見た記事がある。和

闘鶏（『年中行事絵巻』より）

歌山県田辺には闘鶏神社があり、源平合戦のとき熊野の僧湛増はこの神社の前で鶏合わせを行なって、それによって源平いずれにつくべきかを決めたという。「鳥獣戯画」のうちにも民間の闘鶏の絵が出ているから、上流ばかりでなく下層社会まで広く行なわれていたことを知る。明治の中ごろまでは広く各地に行なわれ、その勝負にかけて楽しんだものであるが取り締まりがきびしくなってすたれてきた。和泉地方では一般にニワトリの蹴合といっている。明治・大正時代まではこれにこって財産をなくした人も少なくなかった。河内の闘鶏は今東光の小説『闘鶏』や『悪名』で知られる。

農具市

農具市は春と夏の二回たつのが普通である。昔は春のほうが盛んであった。一月から四月までの農閑期に開かれる市に農民の必要とする種物・植木・農具・家庭用具などを並べる一角ができる。その農具も昔はくわ・鎌・すきさき（鋤先）・のこぎり・なた・おのなどの金物が多かった。それが明治の中ごろになるとすき〔犂〕そのものが出されるようになった。犂柄《すきがら》はそれまでは大工などに造ってもらって、一つ一つの規格というものがなかったが熊本県の肥後犂や、福岡県の磯野犂はきちんと規格のきまったもので、技術を身につければ使用法は一つであったから広くゆきわたってくる。また秋の農具市には千石どおし・唐箕・千歯・廻転式脱穀機のような調整用具の出ることがあった。最近の農具市では動力耕転機が最も多い。テントを張ってその中に機械を並べ実演して見せ、一種の展示会のようになっている。さらにまた、動力農具だけの農具市も見かけるようになった。これは各メーカーがトラックに農具をのせて何十台というほど車を連ねて町から村を回り、ラウドスピーカーなどで宣伝し、学校の校庭その他の広場を借りて、市を開くものである。年中行事のように一定したものではないが、今日農村の一つの風物になろうとしている。

こうした新しい見本市的な農具市の行なわれる一方、もとのままの古い農具市が今もつづけられているが、そこに並べられている農具が最近では目新しいものが多くなった。剪定ばさみ・剪枝のこぎり・ナイフ・噴霧機など果樹園芸用のものなどである。農具市は農業技術の普及にも役だっているといえよう。

田打（たうち）・春田打

イネの耕作のうち田を耕すことは最も重要な作業である。春さきからこれを行なうのが普通であるが、半乾田で一毛作のところでは秋イネを刈ったとき田起しをすることがある。荒起し・荒くれ起しなどともいっている。秋起ししておくと冬の間に風化して土が柔らかくなり、土中の成分も植物に吸収されやすいものになる。しかし大半の水田は春、氷が解けてヒバリが空に揚がるようになってから土を起こす。最初に起こすのを一番起しともいっている。昔は備中鍬で、元気な男が並んで打ち起したものである。大正時代になると牛馬を使って犂で起こすことが多くなる。これは土塊が大きく起こされるので、もう一度すく人もある。これを切返しといっている。しかし近ごろは動力耕耘機やハンドトラクターが使用せられるようになって切返しは行なわない。五月へはいると田に水を入れて中耕《なかうち》をしたものであるが、今はすぐ動力耕耘機で荒代《あらしろ》かきをする。それからもう一度代かきをして、田をならし、田植えをすることになる。

普通春田打ちというと湿田を起こすことであり、乾田を起こすのを堅田《かただ》打ち、裏作を作った田を起こすのを表田打《おもてだ》ちということばが北陸地方にはあった。

ひなまつりと花見

三月には節句と彼岸があります。節句は女の子のある家ではひな人形をかざり、白酒をそなえ、友だちなどまねいて祝いますが、この行事も、もともとは、形《かた》代《しろ》をつくってそれをまつって、子どもにこれからおこるかもわからない不幸を、その形代にもっていってもらう行事だったようです。

田打ち（『一粒万倍穂に穂』より）

だから昔はひなは大ていお粗末なものでした。ことに京びいなといわれるものは紙でつくってありました。それを買ってきて神さまのまえにまつり、いろいろのものをそなえてひなあそびをし、三日がすぎるとそれを川へ流しにいったものです。

桟俵などにのせたものが、流れにゆられながら下へ下へとながされていったものでした。流れのないところでは、村はずれのやぶの中などにすてたもののようです。

ところがこの人形がだんだんりっぱになって、まつりのあともすてなくなり、おなじものをあくる年もかざることにしていったのですが、それでも古くなったものは節句をすぎるとすてる風があって、相模や伊豆の村々では、ひなが村はずれのお地蔵さまや庚申塔の前にすてられているのをよく見かけます。

三月三日はひなまつりをするばかりでなく花見をすることも多かったのです。もとは旧暦でしたから、今の三月三日よりも一月おくれます。だからさくらも満開のころです。

中国、四国、九州地方ではこの日弁当をつくってもらってみんな山へいって、そこでいろいろなことをしてあそび、弁当をたべてかえって来たのでした。

海岸に近いところでは磯あそびをすることもありました。この日は午後大へんよく潮がひきます。で

雛遊び（『日本歳時記』より）

すから潮干狩などするものが多かったのですが、中には岩の上で弁当をひらき、とった魚などやいて舌つづみをうちながら春の一日をたのしむ人びともありました。中国地方から九州へかけては三月四日を花ちらしとよび、もう一日きのうののこりの弁当をもって山や磯へいってあそぶこともありました。人がひとりひとり別々にたのしむのでなく、おなじ日にみんなでたのしむことこそ一ばんたのしいことなのだと昔の人は考えていたのです。

さてこの花ちらしの日に九州の西海岸地方では若い者があつまって、その年、若者になったものを、仲間入りさせる若者入りのあつまりをするところもあり、それをドウブレといいました。

春にふさわしい生き生きしたたよりでした。

鯛網（たいあみ）

タイをとる網は大きく分けて二つになる。その一つは鯛葛網《たいかつらあみ》で、まずぶり木という長さ六〇センチほどの白色の木を四、五メートル間隔につけた長い綱の両端を船でこいでひいていく。そしてタイを集めてくる。それに大きな網をかけてタイをとるもの

捨てられたひな人形（神奈川県、昭和32年6月）

で鯛地漕網《たいじこぎあみ》ともいっていた。もとはこれらの作業は全部櫓を用いて船をあやつったのだからたいへんな労力を要し、人の数も多くときには四、五〇人も必要だったのである。だから鯛網をひくというのはにぎやかな作業であったが今動力化されて網子はもとの半分以下に減っている。そして沖合いでひきあげる。鯛縛網《たいしばりあみ》ともいっている。

もう一つは吾智網《ごちあみ》である。これには一艘吾智と二艘吾智がある。小型の網で二艘吾智の場合は、二艘の船が網を海に入れながら船の簀板をトントンとつちでたたく。たいていは夜の作業で暗い海のかなたから夜ふけて聞こえて来る。タイはこの音に恐れて逃げる。しかもたたき方によって網のほうへのがすこともできる。網を入れてしまうと二艘の船が出合うように円形にいれる。そしてす早くひきあげる。

鯛地漕網は旧三月からひきはじめる。三月はサク

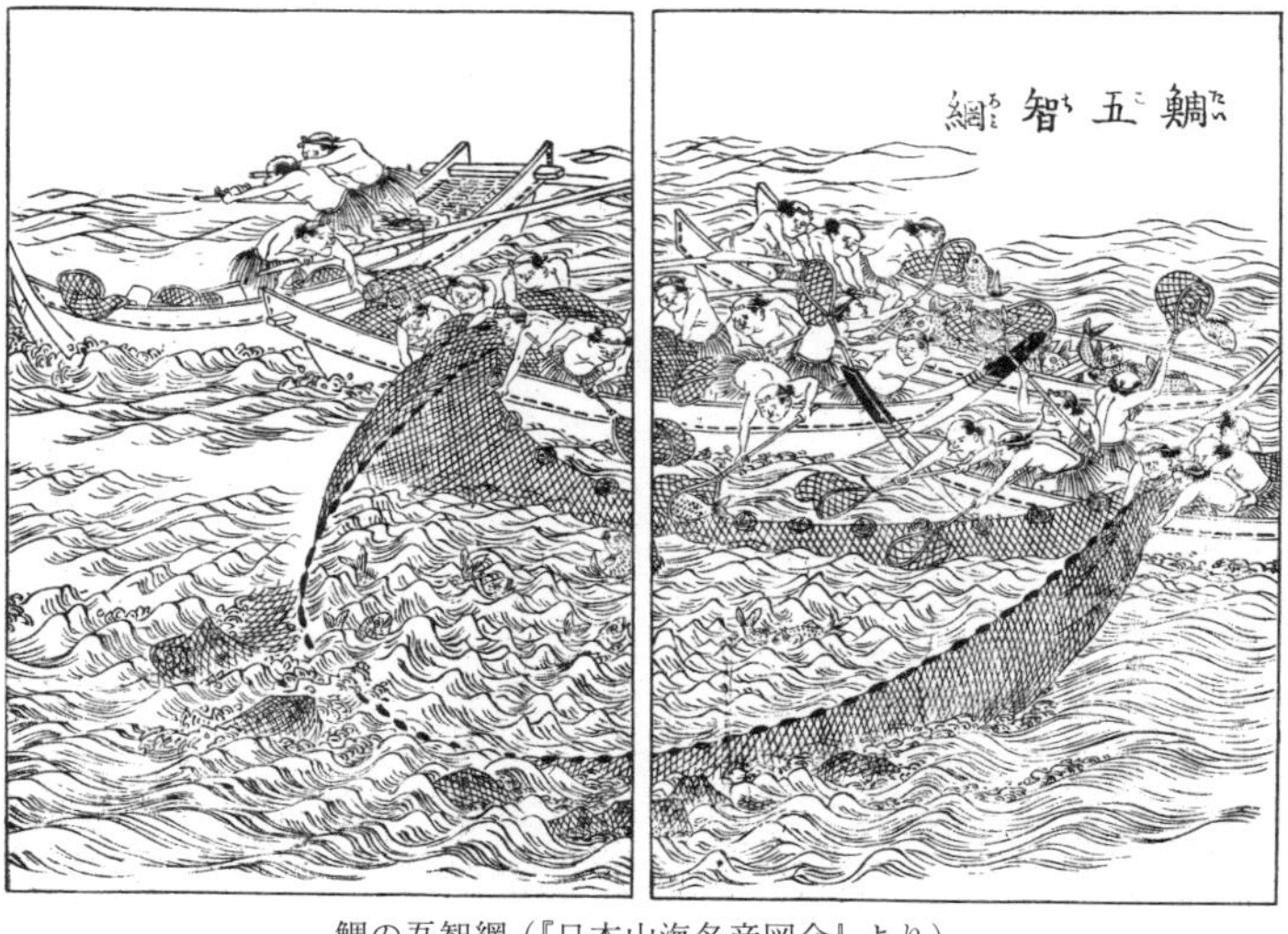

鯛の吾智網（『日本山海名産図会』より）

ラダイといって味がよく、周防灘や紀伊水道で多くとれる。三月の末から四月へはいると燧灘や播磨灘でたくさんとれる。この時期を魚島《うおじま》といっている。八十八夜を過ぎて五月にはいると、吾智網が活動しはじめる。二艘吾智は小型網だがタイをたくさんとるので、鯛地漕網の漁師にはきらわれ排斥せられた。そこで一艘吾智で操業する者もあった。一艘の船に二人乗り、一人が櫓をおし、一人が網を入れる。網を入れつつ槌をたたくことはできぬから網についている綱で簀板を打ちつつ網を入れた。これはわびしい音であった。四月末から五月へかけての内海の夜はおぼろに曇って海は静か、その沖合いからこの音が聞えてくる。ムギのうれるころになると、タイはうまくなくなる。これをムギワラダイといった。

磯開（いそびらき）

海藻や貝類はその成育期間はできるだけ採取を禁じておき、一応成長してからとれば品質のよいものがとれる。そこで日ごろは規約によってこれをとらず、日を決めてとることにする。そうした日を決めてとるものには肥料藻・テングサ・ワカメ・コンブ・ヒジキ・カジメ・アマノリ・オゴ・アワビ・サザエ・アサリ・ウニなどがある。海藻が豊富でその採取によって生計をたてている対馬の浦々ではアマノリ・ヒジキは旧正月前に一回、ワカメは三月二十一日、肥料藻は旧三月二十一日、コンブは四月二十八日以前、テングサは四月二十八日以後というふうにして口明けの日には村じゅうがそれをとり、他の海藻はとらない。そして海の静かな日に何回か口明けをしてみんながいっせいにひととおりとってしまうと、それからあとは一月ほど勝手にとってよく、その後自然「とめ磯」になる。全国の磯の口明けももとはそういうものであったが、海藻が少なくなるにつれて口明けを行なう海藻もテングサ・ワカメなどほんのわずかになってきた。口明けの日は昔は区長がほら貝を鳴らして合図したものであるが、今日では漁業組合が磯を管理し、旗をたてて口明けを知らせ、また拡声器で放送し、磯へ出る時間はサイレンを鳴らして知らせるところが多い。三重県志摩の国崎《くざき》などは、アワビの口明けにとりしまいの時間まで決めていて、その時間になるとふたたびサイレンを鳴らしている。

磯菜摘（いそなつみ）

野の若菜に対して磯菜といったものであろうが、昔は海松《みる》を磯菜といったようである。磯菜とか、玉藻とかをとる歌が『万葉集』などに出ているが、それによると海少女《あまおとめ》が裳《も》のすそをぬらしてとったとあ

海藻取り（鹿児島県出水郡東町、昭和38年3月）

る。なぎさ近くにはえる海藻には青いものが多い。菜をおもわせたものであるが、それを水につかりながらとったのである。このような風習は西日本の海岸には今もいたるところに見られる。潮がぬるんでくると女たちは磯へ出ていく。そして岩についているアオサをとる。中には腰のあたりまでつかってとっているものもある。けっして風流なものではない。とって来たものを水でよく洗って簀に干して売る。青ノリの原料になる。春さきに漁浦を歩いているとおおぜいの女たちが海水につかりながら海藻をとっているのを見かける。たった一人ではわびしくつらくてできない仕事だ。

磯あそび

旧の三月三日、いまならば四月上旬にあたる。この日は実によく潮がひく。

午後三時ごろになると、遠浅のところならずっと沖の方まで干潟が出る。この日を磯《いそ》の口明けにしている地方が多く、みな潮干狩りに出かけていく。

土地によっては四日の日にこれを行なっているところもある。

こんぶを干す（青森県下北郡東通村、昭和38年6月）

大ていは天気がよくて南の風が吹いている。海の水もぬるんでいるので、干潟には貝の数より人の方が多いのではないかと思われるほど出ることがある。

九州の北岸ではこれを磯あそびとよび、ごちそうをつくって持ってゆき、若い男は男で、女は女で、それぞれ飲食をともにし、ときには男女ともにたのしむこともあった。宮城県牡鹿地方では女たちが浜にあつまって草餅をたべてあそんできた。これを磯まつりといった。

海岸地方には旧三月三日前後に磯の口明けをするところは多い。それまでは磯のものはとらないでおいて、その日からとりはじめる。貝も海藻類も冬の間に大きくなっており、とってたべてうまいのがこの時期であった。そして今日ではレクリエーションの一つのように考えているが、昔はこれによって大切な生活のかてを得たのであった。

潮干狩り（『日本山海名産図会』より）

愛知県佐久島では磯のものをとるだけで生活している孤独な女たちが何十人というほどいることを見たことがあるが、さらにそれ以前は大事な食料を磯ものにたよっていたのである。少なくとも海岸に住む人たちにとって磯ものが重要な食料であったことは各地にのこる貝塚で知られるのだが、その貝塚は瀬戸内海では平安時代ごろまで見られており、『一遍上人絵伝』にも明石の浜に貝塚らしいものが描かれているから、鎌倉時代までは貝がらを一ヵ所に捨てる風習があったのであろう。江戸時代にはいっても凶作のときには磯ものはたいせつな救急食物であった。その磯ものとりがやがて春のたのしいあそびの一つになったのは人間にとってしあわせなことであった。

馬鈴薯植う（ばれいしょうう）

馬鈴薯は五升薯《ごしょういも》・清太夫薯《せいだゆういも》・二度薯などという。去年とった薯の中から大きくよいものをとって風通しのよいところへ保存しておく。それを四月になると畑に筋をきり、薯もいくつかに切って、その一つずつを五〇センチくらいの間隔におとしていく。そして土をかける。種おろしともいっている。これは畑の場合だが関西地方では水田で作ることが多い。水田に大きい畦《うね》をたてておいて、それを細かく砕土し、畦の上に溝をきり、三、四〇センチの間隔で種薯をおとしていく。そして土をかける。馬鈴薯栽培の大規模に行なわれているのは北海道地方で、最近では種おろしも車を利用して畑の中を引き回して行なう。なお秋九月の馬鈴薯植えは面積からすればそれほど広くない。そして翌春の種薯にするための栽培がおもで岡山、広島県地方に多い。だが一般には北海道でとれた薯を種として利用する地方が広い。

霜くすべ

山間の養蚕地帯では、クワの葉が出てかなり茎の伸びたとき、突然寒冷前線が来て霜がふり、クワの葉をまっ黒に枯らしてしまうことが少なくない。特にこの被害は群馬・長野地方に多い。そのために昔は稚蚕を全滅させることも少なくなかった。この災害は春蚕《はるこ》のときによく起こる。これを防ぐために養蚕家は戸外に寒暖計をさげておいて、零度近くなるとかねや板木を鳴らして村人に知らせる。すると村人は畑のあぜに日ごろ積んである青柴に火をかける。もうもうとして煙がたち、霜になるべき水蒸気が霧のようになって降ってくる。このほか、畑の中にいくつものカンテラに火をつけてさげておくこともある。高冷地で稲作を行なう場合にも、もとは霜くすべを行なうことがあった。太平洋戦争前までは高冷地で作る早生のよい品種がなかったため出穂が遅れて九月半ば以後になることがあった。そのころには霜のおりることがあり、幼穂が霜にあうともみが充実しなくなる。そこで霜の来そうな夜霜くすべをした。広島県山中ではこれをくぐしといっている。最

稚蚕共同桑園（長野県、昭和38年7月）

近のようにイネの品種も作り方も変わってからは霜害にあうことはなくなり、くぐしもなくなってきた。ただしクワのほうはまだ品種や耕種法がほんとに変わっていないので霜害はみられるが、やはり青柴やもみがらをたいて煙をたてる方法は少なくなり、主としてランプが用いられる。

蚕飼（こがい）

カイコは土地によっては一年に数回飼う。五月に掃き立てたものは六月に繭になる。春蚕という。ついで七月一日前後に掃き立てる。これを半夏掃《はんげばき》とも夏蚕《なつこ》ともいう。暑いときなので二〇日あまりで上簇《じょうぞく》し七月末には繭になる。次に八月初めに掃き立てる。昔は風穴《ふうけつ》に保存してあった種紙を使ったから風穴といった。初秋蚕ともいう。九月初めに繭になる。引き続いて九月中旬掃き立て十月下旬に繭になるのを晩秋蚕という。高冷地ではおそくまで霜の来る関係で春蚕を遅れさせて六月に掃く。これをも夏蚕といっている。その場合には初秋蚕と晩秋蚕があとにつづく。一年三回になる。

桑園（長野県、昭和38年7月）

カイコは四度眠り脱皮する。一眠までを一齢といい、二眠までを二齢、そして四眠を過ぎると五齢になり、五齢の終わりにからだが透き通ってクワを食べなくなる。それを簇《まぶし》に移してやると繭を作り始める。これを上簇《じょうぞく》という。春蚕・晩秋蚕は掃き立てから上簇までが三〇日ないし四〇日であり、夏蚕・初秋蚕は二〇日ないし二五日である。春蚕は掃き立てから上簇までの間に約一万倍の大きさになる。だから初めは一万匹の虫も小さい紙の上に三〇センチ四方ほどの広さで飼われているが、後には一メートル四方に四〇〇匹ぐらいにまで成長する。だから蚕卵四五グラムを飼って上簇させるには人間の生活するよりも広い蚕室を必要とする。そこで養蚕家はみんな大きな蚕室を造った。またそれだけのカイコを飼うためには一ヘクタール以上の桑園を必要とする。初めは小さな一、二万の蟻蚕《ぎさん》が、一ヶ月余りの後には一ヘクタールの畑のクワを食ってしまうのである。

蚕室（神奈川県、昭和32年6月）

蚕卵紙（たねがみ）

カイコの卵を付着させた紙である。蚕卵紙を作るにはカイコの特別な飼い方をしなければならない。病菌がつくとカイコは全滅する。そこで種用蚕は蚕卵紙製造家が特別の農家を依嘱して作ったものである。同時に種紙屋はどこにでもいたものではなく養蚕技術のすぐれたところに見られた。種紙製造家は依嘱した養蚕家から繭を買い、さなぎが蛾になると雌雄を鑑別して交尾させ蚕卵紙の上に円形のわくをおきその中で卵を生ませる。ガは紙に卵をたくみに生みつけていく。そして古くは一枚の紙に卵の目方が一匁〔三・七五グラム〕あるように生ませたものである。いまはグラムを単位にしている。そして昔のように一匹ずつを一つのわくに入れるのではなく大きなわくに何匹も入れて産卵させる。これを寒冷なところに貯蔵しておく。冷蔵庫のなかったころには火山地方の風穴の利用されることが多かった。

蚕卵紙（『養蚕必録』より）

カイコを飼おうとするものは種紙屋からこの種紙を買う。そして種紙をへやの中において一定の温度を与えるとか、箱の中において温度を加えるとかして、二、三日たつと、黄色であった卵が青黒くなる。これを催青《さいせい》という。催青するとまもなく卵を破って蟻蚕が出てくる。それを紙の上に鳥の羽のほうきではきおとして、クワを細かに刻んでやって飼い始める。これを掃立《はきたて》という。カイコの出た種紙は良質の和紙であるからふすまの下張りなどに多く利用せられた。

春挽糸（はるひきいと）

日本の養蚕・製糸業がめざましく発展したのは明治になってからで、それまでは一戸一戸で飼うカイコの量も少なく、繭もわずかであったからその年の繭はその年のうちに糸にしてしまったものであるが、養蚕が盛んになるにつれて、大きな製糸工場ができ、また乾繭《かんけん》倉庫も造られ、一年じゅう操業するようになった。しかし寒さのきびしい地方では冬一、二月の間は操業を中止し、三月にはいるとまた仕事を始める。そして春蚕の繭が出まわるまでは前年の繭を利用して

マユの選別（長野県、昭和38年7月）

製糸を行なったもので、これを春挽糸といった。春挽糸は春蚕の繭をひいた夏挽糸より品質がおちるので値も安かった。

太平洋戦争後大きな製糸工場ではすっかりオートメーション化して女工が冷たい水を使いつつ手をはらして作業することはなくなり、年間操業がみられるにいたった。そして糸の質もひく時期による差はなくなっている。

甘藷苗（いもなえ）作る

甘藷は秋掘りとるとそれを土中に穴を掘り、周囲にわらなどたてかけ、その中にいもをいれ、上にもおおいをして寒さのために腐らないようにして保存しておく。春四月になると、その中から大きくよいのを選んで苗床を作ってそこにいける。温床へいけると発芽も早い。そして芽が出てつるが伸びはじめる。関東地方ではこのつるが二〇センチに伸びたくらいなのを種いもから切りとって畑へ植えるところが多い。

糸を挽く（『蚕飼絹篩大成』より）

屋根ふき

芭蕉七部集の中に「家普請《やぶしん》を春の手すきに取付て」〔「炭俵」上〕というのがある。

麦刈りのはじまるまえ、一毛作田ではもう田ごしらえにもぼつぼつとりかかっているころ、村をあるいていると、草屋根をふきかえている風景をよく見かける。たいていは普請講の仲間の者があつまってきて手伝っている。大きな声でくったくのない話をしながら、顔をまっくろにして屋根をはぎ、新しい茅《かや》でふいていく。もとは講仲間の者が持ちよったのであるが、ちかごろは茅のしげるところにも杉をうえて、茅が少なくなったので他所から買ってくるのが多い。近畿地方から西では麦わらで屋根をふいているところが多かったが、麦わらは長もちしないので瓦《かわら》屋根にかえて、麦わら屋根はあまり見かけなくなった。

その屋根のふき方が相似ているところもあれば、まちまちになっているところもある。相似ているようなところは専門の屋根ふきがきたところで、関東平野の東から南にかけては福島県会津山中の屋根屋が今でもふきにきている。群馬県あたりは新潟県からくる屋根屋が多い。近畿地方では和歌山県紀見峠の南の柱本〔橋本市柱本〕の屋根屋がひろくあるいている。中国地方の西から北九州へかけては広島県熊野跡〔安芸郡熊野跡村、現広島市安芸区阿戸町〕あたりの屋根屋の勢力範囲で、宮崎県椎葉山中まで屋根ふきにいっているときいておどろいたことがある。東北地方ではその土地土地の百姓がふくものが多いようである。そして大工は梁《はり》や桁《けた》から下の仕事をすると、それから上は屋根屋の仕事だったのである。

屋根ふきはさきにもいったように職人を中心に村人の協力によって行なわれたが、屋根茅や麦わらがじゅうぶんに得られなくなり、瓦ぶきになると、もう二十年や三十年でふきかえることもなく、そういうことで村人の協力は必要でなくなった。村の共同体はこのようなことからも少しずつくずれてきて、村の家も思い思いの様式になっていく。

遠足

昔の巡拝や遊山や遠出が遠足にあたるものであろう。遊山や遠出は必ずしも団体で出かけるとはきまっていないが遠足という場合には学校・会社・工場・官庁などの人びとが一団となり、統率者に従って団体行動をとりつつ春の一日を歩いて来ることである。春だけでなく秋も行なうこと

遠足（神奈川県足柄下郡真鶴町、昭和38年5月）

がある。遠足はたいてい一日で行って帰るものであって、二日以上になると旅行といっている。大阪付近では遠足のことをも運動会といっており、町内運動会といえば、町内の人たちが団体で遊びにゆくことをいう。景色のよいところ、史跡のあるところなどへいって一日を遊んで来、弁当を開いて食べてくるのが楽しみで関西地方はこうした行楽が特に盛んである。近ごろはハイキングやピクニックが多くなった。

夏の風物

卯月八日と山のぼり

さくらが散って、野はれんげの花ざかり、菜の花もまださいています。山にはまっかなつつじがさきはじめ、木も若葉がにおいはじめます。

春はほんとにたけなわの四月には、卯月八日の行事があります。ただしこれもやはり旧暦の四月で、今の五月になります。近畿地方から中国地方の山村をあるいた人ならみんな目にとまったことと思いますが、高い竿のさきに、つつじや、もちつつじの花をつけたものをたてています。これは天とうさま（太陽）にささげる花だということで、天とう花といっています。子どもたちも山からつつじの花を折ってもってかえって、ただ何となく持ってあそんでいます。

お寺ではこの日をお釈迦さまの誕生日だといって花御堂《はなみどう》をつくってその中へお釈迦さまの像をおき、甘茶をおけの中に入れておいて、みんなにひしゃくでかけさせます。

花御堂（『年中行事大成』より）

人びとはまたその甘茶をもらってかえって飲みます。こうすると夏病みしないというのです。またこの茶を軒下の雨だれおちのところへそそいでおくと、長虫が家の中へはいらぬともいい、甘茶で墨をすって「卯月八日は吉日よ、よろずの虫を成敗ぞする」と紙に書いて入口にはっておくとよいといって、そうしている家を見かけることもあります。

この日はまた山のふもとにある大きな神社の祭日になっているものが少なくありませんが、もとは山の神をまつる日ではなかったかと思います。

徳島県剣山の周囲では、この日山へのぼって、はるかな山のかなたの海を見てくる行事があり、これを山いさみといっています。また兵庫県の山中でもこの日、村の者が弁当をつくって山にのぼり、頂上にまつってある祠などにまいって、一日あそんでかえる風があります。この地方では山のぼりといっています。

また能登半島の山中ではこの日に、若い娘たちが三々五々組をくんで山へのぼりました。そして山中にある青い柴を折ってかえって来たのです。これを青山迎えといったと申しますが、青山迎えをした者でないと、昔は早乙女になる資格がなかったといいます。

早乙女というのは田植をする女のことですけれど、これは単なる労働ではなく一つの神事であったわけで、田の神をむかえて田植をするという考え方があったので、そのために女たちは田の神を迎える資格をもつために山ごもりをしたのです。

噴井（ふけい・ふきい）

噴井は水のたえずふき出ている井戸のことである。地質によってそういう井戸の多い所があり、滋賀県琵琶湖の湖西地方、愛知県美濃平野の北部、富士の山麓地方、青森県下北半島の田名部付近、徳島県小松島付近は実に豊富に湧水をみる。今日のように冷凍設備がなかった時代には噴井は名所になっている所が少なくない。特に木下陰にあるものは、そこに茶店などできて、心太《ところてん》や豆腐のひやしたものなど売っていたものである。また噴井を利用してコイを飼うことも行なわれていた。

中には湯の出るものもあって、それが温泉である。しかし今日では湯口に湯をたたえて、井戸の態をなしたものはあまり見かけなくなってきた。

夜焚（よだき）

種類により、夜間火をたいて魚を集め、これを網漁や釣って取ることは古くから行なわれた。瀬戸内海地方では春になるとメバルの夜釣りが行なわれ、次にサバ・アジなどの夜焚が行なわれる。これは各地にもよく見かける。夏イカの夜焚釣りは対馬近海ではきわめて盛んで、夜間山の上から見るイカ釣りの火は美しい。釣り漁ばかりでなく、アジ・サバ・イワシなどの網漁のときも火をたいて魚を集める。昔はかがり火をたいて魚を集めた。かがり火の燃料はたいまつが使われたが、カーバイトランプがそれに代わり、さらにバッテリー照明からディーゼルによる照明にまでも変わってきた。明るいほど魚はよく集まって来る。

鰹釣（かつおつり）

カツオは日本海にもいるが、多くは太平洋岸である。かっては海岸近くへ寄って来たので網でとることもあったが、たいていは釣ったものである。カツオは生き餌でないとなかなか食わないので、昔は大きなおけに海水を入れ、その中にイワシやキビナゴなどを生かしておき、餌にした。今日では船の大型化と動力化により、船中に生け間を造り、その中に餌を生かしておくことにより遠い沖合いにまで出られるようになった。カツオは日本海流に沿って北上してくるもので、薩南諸島から九州南岸・四国・紀州

初鰹売り（『東都歳時記』より）

カツオ漁船（鹿児島県、昭和37年6月）

沖・伊豆・房総と漁場は広い。竿に糸をつなぎ、餌をかけておく、最も簡単な仕掛けである。

鰹節（かつおぶし）

かつお節は古代からすでに作られていた。カツオははなはだ腐りやすく、腐らせないために煮ておく必要があり、煮てかわかせばかたくなって長く保存ができた。製法は各地似たものであったが、薩摩・土佐・伊豆が名産地として知られていた。しかし薩摩・土佐でとれるものはそれほど大きくないので、頭をはね、骨をぬいて二枚におろすのが普通で、これを煮て干したものをかめ節といった。カツオが大きくなると、片身をさらに二つに割って、一尾を四本にするのが普通で、煮かごに入れて湯の煮えたぎっているかまの中につける。煮あがるとかごを引き上げて、冷水で洗ってほいろにかけてかわかす。しかし表面だけなので、さらに天日にさらす。四、五日たって室内におき、またほいろにかけ、また日にさらしたあと、箱かおけに入れてしばらくすると一面に青かびがつく。それをまた日にさらし、ふたたびおけなどに密閉しておくと、今度は白かび

かつお節製造小屋（鹿児島県、昭和37年6月）

がつく。こうしてかわきあがるとかびを払い、みがきをかけ形を整える。そのとき青かびが表面に青く残っているのがよいとされている。これらの作業はまったく人手によってなされるので、主として漁村の女の仕事であった。いまはかつお節製造小屋もかなりよくなっているが、もとは粗末な小屋であった。

新節（しんぶし）

新節は初夏釣ったカツオから製した鰹節のこと。味もかおりもよく、削ればあめ色のつやがあり、かんなくずのように薄い剝片になるのが特色で、これに醤油をかけて食べるのが鰹節の食べ方としてはいちばんおいしいとせられた。近ごろでは半かわきの新節も出るようになった。

煮取（にとり）

かつお節を作るときの煮汁を何回も利用していると、しだいに濃度を増し、それをそのままにさましておけば固まってあめのよ

かつお節製造小屋（鹿児島県、昭和37年6月）

うになる。この煮汁を布でこして、さらに煮つめたものを煮取・煎脂・いろりなどといっている。近ごろではカツオエキスという新しい名もできている。色は黒紫色で、副食物を煮るときなどだしとして用いるとよい味がつくので、昔から重宝がられ、薩摩藩などでは租税の一つにされていたほどである。

ムギウラシ

五月も末になると麦刈りがはじまる。近ごろは麦をあまりつくらなくなったので、五月のいそがしさもそれほどでなくなった。麦をたくさん作った西日本では麦のうれるまえに嫁に来ている女たちは里へかえって二、三日休んで来るならわしがあった。これをムギウラシといった。麦がうれるようにという意味であろう。

里へかえって骨休めをしていそがしさにそなえるためのものであったが、もともとはその名のごとく麦のうれるのを祈るためのものであったと思う。島根県西部では日はきまっていないが、五月末にばァさんたちが寺へあつまって念仏をとなえることがあり、これをムギネンブツといったという。ムギウラシとおなじものであっただろう。このような行事は九州北部にも所どころに見られるから、もとはもっと広く行なわれていたものであろう。そして、そういう行事は東日本にも近ごろまであったことに気がついた。山梨県上野原のあたりではムギノキトウ（麦の祈禱）といって、麦のうれるまえにばァさんたちが寺でおこもりをしたという。

麦のうれるころは普通は天気がよいのだが、年によっては梅雨が早く来ることがあって十分にうれないうちに刈らなければならないことがある。また刈った麦を取り入れる間もなく、畑に積んでおいたのが芽が出てしまってたべられなくなることもある。そういうことから生まれた比較的あたらしい行事のようであるが、山口県見島ではムギウラシの日に山あそびをしたというから、三月三日の山あそびとおなじような行事が行なわれたのであろう。そして、子供たちは紅白の二組にわかれていくさごっこをした。村をあげてにぎやかにあそんだというが今はすたれている。麦がつくられなくなると同時に各地の麦念仏もやんだようである。

年中行事の中にはこうして流行したり止んだりするもののある。五月五日の菖蒲《しょうぶ》打ちも新暦では菖蒲がじゅうぶんのびておらず、今は見かけなくなった。

麦畑（東京都、昭和34年6月）

新麦（しんむぎ）

ムギにはコムギ・オオムギ・ハダカムギ・カラスムギ・ビールムギなど多種あり、収穫の時期も少しずつ違う。昔から作ったのはコムギ・オオムギ・ハダカムギである。ハダカムギはオオムギの改良種で、からがとれやすかったため麦安ともいった。新麦はたいてい柔らかく、またかおりも高いので喜ばれ、半夏生の日にはコムギの新麦の粉でだんごを作って食べる風習が西日本にはあちこちに見られた。はげだんご（半夏団子）といった。また瀬戸内海地方では田植の終わった日をしろみて（代満て）とも、泥おとしともいうが、この日やはり新麦のだんごを作って食べる。しろみてだんごとも泥おとしのあかつきだんごともいう。だんごにあずきあんをつけて食べる。

オオムギ

陳麦（ひねむぎ）

陳麦とは新麦が出てもなお食い残されているムギのこと。昔はムギは一年もたくわえておくと虫がつき、また臭みや酸味もついて味が落ちるので牛馬の飼料にした。

煮梅（にうめ）

青ウメに砂糖をいれて煮ると、酸味とほろ苦い甘さがあって昔は珍重せられた。食あたりのときなど食べるとよいともいわれている。またウメを煮て汁をとり、それを染織のとき染料に加えて媒染にすることもあったし、煮出した汁を酢として利用することもあった。

囲い船（かこいぶね）

北海道のニシン場ではニシン漁が終わると、船を浜に引きあげて苫をかけて囲っておくならいがある。初夏のことで、西日本でも和式の捕鯨の行なわれていたころ船囲いをした。瀬戸内海地方でも夏になると鯛網の船を囲ったものである。

番屋閉づ（ばんやとず）

出かせぎ漁夫の寝泊まりする小屋は漁期が終わると、入り口の戸には板など打

ニシン（『梅園魚譜』より）

ちつけて、翌年までは無人のまま放置しておく。番屋はニシン漁だけでなく、イカつりにもコンブとりにも見られる。青森地方以南では番屋を納屋といっている。

漁夫帰る（ぎょふかえる）

北海道ではニシン漁がすむと漁夫たちは郷里へ帰っていく。たいていは山形・秋田・青森・岩手県地方からかせぎに来ている者で、必ずしも漁民とはかぎらず、農閑期を利用して来る農民が多かったので、ニシン場から帰ると、家では田植の農繁期がまっている。

これに対して瀬戸内海地方の鯛網の漁夫は小漁師が多く、鯛網から帰ると、今度は小さい漁船に乗って一本釣りなどを始め、能登半島の漁夫は津軽海峡へイカ釣りに出かけることが多い。夏から秋へかけての漁期にはおびただしい漁船が集まるが、しぐれの来るころになると郷里へ帰っていく。そのほか鰯網のように一定時期に漁業の行なわれるものは漁期が過ぎると船囲いをして、郷里へ帰っていく。

代田（しろた）

代田とは田植前のすっかりならした田をいう。前年の秋まず荒起しをし、春中耕《なかう》ちをし、次に刈敷《かりしき》を入れて山切り、そのあとを馬鍬（まぐわ・まんが）で代掻きをするのが順序で、さらにそのあとをえぶりで高低のないようにならす。代掻きは男の仕事で、田植は女の仕事である。

初田植（はつたうえ）

初めて田を植える行事。日の吉凶をやかましくいう地方では自田の田植によい日を選んで、ほんの少しだけ植え、田の神をまつって、あとをつごうのよい日を選んで田植を行なっている。初田の日は、〔苗代に〕もみをおろしてから三〇日または三三日めに定めているところもある。

田植（たうえ）

平安時代の田植は一ヶ月もかかったが、水のかけひきなどの関係からしだいに短時日の間に植える習慣ができてきた。多くの人手を必要とするので、農家数軒の者が「ゆい」を組

田植（鹿児島県、昭和35年4月）

んだり、早乙女を雇ったりして相互に植え合うことが盛んに行なわれた。湿田地帯は田植が早いから、自田がすむと二毛作地帯へいくとか、山麓地方の者が平野地方へいくとか、あるいは漁村の女たちが雇われていくとかして田を植え歩いたのである。地方によっては何千というほどの早乙女が移動した。

田植歌に合わせて田植している田を囃田という。しかし、明治の中ごろから水縄をひいて植える正条植えが始まってから歌と手さきがそろわなくなったため田植歌もしだいにすたれてきた。植えつけは水縄から田植定規《たうえじょうぎ》に、さらに田植枠《たうえわく》に変わり、植え方もうしろ向きから前向きに植えるふうも生じた。また苗を植える方法も正条植えから千鳥植え、さらに並木植えが普及しつつある。苗を正条や並木にするのは除草や消毒に便利だからで、さらに能率をあげるためにじかまきも試みられはじめている。消毒・除草もすべて薬剤を用い、しかも田の中へはいらないで行なうことになる。

大田植（おおたうえ）

いまは労働といえば、ただ働くだけのことになっており、労働がはげしいとか、らくであるとか、賃銀が高いとか低いとかいうだけが問題になっていますが、昔は労働は神とともにあって、神に仕える動作の一つだと考えられたものが少なくなかったのです。

田植などもその一つでした。そしていまでもはなやかな田植をしている例が中国地方の山中にあります。まず早乙女たちはかすりの着物に、未婚の娘なら赤いたすき、人妻ならば紺のたすき、老女ならば白というように服装にも少しずつ区別をつけ、花がさをかぶり、手甲脚絆をつけて、何十人というほどで田におります。

この女たちのうしろには大きな太鼓を胸にかけ、美しい女の着物など着て、すげがさをかぶった男の太鼓打ちがならびます。

さらにそのあとに音頭をとる人や、小さい太鼓をもったもの、笛を吹くものなどが立って、音頭とりが音頭をとると、笛や太鼓がこれにあわせて拍子をとり、早乙女は音頭につれて歌をうたいつつ苗をうえていきます。

よい声がよくそろい、太鼓打ちの太鼓のばちについた紅白の房が、ばちさばきによって美しくひるがえり、また太鼓打ちたちは腰をひねり、ばちを投げあげなどして、はなやかに打ちこみますので、実にうらやましい風景なのです。ですからこの田植のあるときは、たくさんの人が見物にきます。

このとき田植だけでなく、代掻《しろかき》（田植前に水を入れて、土をかきな

大田植（広島県豊松、昭和53年）写真：伊藤碩男

らすこと）も大へんなのです。何十頭という牛が美しい荷ぐらを背につけ、幟をたて、角かざりをして田の中にはいって代掻をするのです。たくさんの牛が入りみだれつつも、もつれあわないで、しかも田がくまなく代掻ができることが条件でした。

すべての田がこれを行なうのではなく、もとは神田に多く行なわれたものですが、その土地の大地主の田や、またはしあわせのあった家、牛の供養をするというようなときに多くこれを行なったのですが、一般の田植もこれほどまでにはなやかでなくても十人二十人の早乙女がはいって田植歌をうたいつつ田植をする風景は、つい三、四十年まえまではいたるところで見られました。

しかし、作業の能率化とか、経費節約とかいって田植を単に労働だけのものにしてしまいましたが、そうすると田植などするのは、いやだという者ばかりふえてきました。

田植歌（たうえうた）

今年もまた田植が近づいてくる。農作業の中でこれほどあわただしいものはない。これさえなくばとて、近頃、直播き栽培もやかましく論ぜられるようになった。しかし仮に直播きが一般化するとしても、なお相当の年数を要するであらう。

田植が日本における農業の機械化をはばんでいる点も大きいであろう。けれど百姓たちは我々が想像している程に田植を苦痛なものとは思っていなかった、否むしろ華やかなものにさえして、この日が時には一年の最もはれやかな作業日となっている土地も少なくないのである。

元来、田植は神の祭りを伴った。田植はじめをサオリまたはサビラキとよび、田植じまいをサノボリというのを見ても訣る如く、田の神であるサ（中国・四国地方ではサンバイという）の降臨を待って田植をした。この神に仕えて仕事する人たちがサオトメであった。このような儀式が今日もなお厳重に行なわれているのは、古い名高い神社の御田、または御田植の儀式であるが、民間でも中国地方の山中に行なわれている大田植とよばれる一枚の田に五十人、六十人のサオトメの出て田植するものなどは、そうした神の祭りの姿をよくのこしている。サオトメたちは紺のかすりに赤いたすきをかけ、すげ笠をかぶり、サゲ師とよばれる音頭とりの音頭につれて田植歌をうたいつつ植えて行く。太鼓がひびき、笛が鳴り、歌は田の面を流れて行く。それは美しい風景であった。

すべての田植がこのように華やかでなくても、田植には、その作業関係からそれぞれの家の田を一気に植えてしまわねばならぬため、多くの労力を必要とし、協同労働や労力交換が見られる。そしてサオトメの盛装する風は各地にのこっている。殊に今年嫁に来た女は特別に美しくしていた。それをわざわざ田の水でよごすような事までしたのは古い信仰の名残でもあった。

田植の後のサノボリ休みも村人にはたのしいもののひとつであった。土地によってはシロミテ、ドロオトシ、ケカケヤスミなどといっているが、どこの村でも日をきめて一斉に休んだ。この日に虫送りをする村も少なくなかった。

最も労苦多い作業ではあったが、それを必ずしも苦しい思い出にしないかしこさが農業技術を停滞させたともいえる。しかし正條植えが行なわれるようになり、また作業能率ばかり問題にされるようになってみると、人々は無口になり、作業は作業としてのみそこにあった。労働の中にしみ込んでいた唄は次第に消えてきた。田植歌ばかりでなく、すべての労働歌が……。

そして唄は休んでいる時謡うものになってきたのである。農作業の楽になる日は望ましい。けれども全国の水田面積の半をうずめる山麓山間の棚田の耕作技術の改まる日は遠いであろう。そういうところでまでも労働の中の詩はうばいたくないものである。否、日々の生活や労働のどの部分にも詩はしみ込ませたいものである。

植田（うえた）

植田は田植のすんだばかりの田である。苗は二、三日で根をおろしはじめる。それまでは苗は横にねたものや浮き苗になったものもあるので、田植した翌日かまたは翌々日ぐらいに苗の植えつぎをして歩く。そして根がおりたころを見はからって、田耕車《たうちぐるま》（除草機）で一番草をとる。植田の管理は昔から農耕の中の重要な作業で、植えつぎ・除草のほかに、田のくろを見て歩いて、モグラ穴・カニの穴をつぶし、水もれを防いだ。

青田（あおた）

一番草をとり、二番草のころになると、イネは成長してもうイネの葉で水面はあまり見られなくなる。今日のように田植がはやくなってからは七月の初めには田は稲葉でおおわれる。これを青田になるという。昔は田植がおそかったので土用前後であった。青田のイネの土用ごろのできで、その年の収穫をだいたい予想することができ、貧しい百姓たちはそのころになると、その田を米穀商人に売ったものである。これを青田売りといった。売るといっても収穫までは百姓が作りお金をさきにもらって、できた米をとれてから渡すのである。

虫送り（むしおくり）

近ごろいろいろの殺虫剤が発達して蚊も蚤《のみ》もずっと少なくなったし、稲の害虫などもめっきりへってきた。そしてそれはわれわれにとってありがたいことであるが、一方それによっていろいろの風物がきえた。ホタルがとばなくなり、カエルの声もほとんどきかなくなった。ツバメすらがめっきりへってしまった。と同時に、虫にちなむ行事もきえてゆきつつある。虫送りなどもその一つである。

田植をすますと、サネモリサマという藁《わら》人形をつくり、それを子供か若者たちにかつがせて、鉦《かね》や太鼓をならしながら田のほとりをあるいて、村はずれの川か、または海へ流して来る風習が方々にあった。そのサネモリオクリが夜行なわれることもあり、そういう時は松明《たいまつ》をともしてあるくので、それが田の水にうつってとても美しいものであったという。

サネモリは斎藤実盛で、加賀の篠原《しのはら》の合戦のとき、馬が稲株につまずいてたおれたために落馬して手塚太郎に討たれたので、そのうらみから稲虫になって田をあらすようになった。それで実盛様をおくって稲虫の害をふせぐのだという伝説が西日本にはひろく行なわれているが、柳田国男先生はサネモリはサノボリのなまったものであろうといわれた。サノボリは田植のしまいのことで、もとは田の神が天へのぼっていくように人びとは信じていたものであった。

虫送りのムシ（青森県西津軽郡、昭和15年）

虫送りの行事は愛知県あたりから西の方に多く見られ、東日本には少なかった。この行事は享保十七年（一七三二年）に稲虫の被害による大飢饉があり、そのとき大きな被害をうけた地帯にとくに盛んに行なわれるようになったといわれるが、ここ二十年ほど稲虫の被害もほとんどない。世の中もかわった。ただ青森県津軽地方の虫送りの虫は大きなヘビの形をしたもので、これを村はずれの木にかけておくのだが、いまも行なわれていて、この地方の風物の一つになっている。

草取（くさとり）

夏の農作業のうちでいちばん大きな比重をしめるのは草刈と草取である。草取のなかでは田の草取がいちばんつらく、もとは水田のなかを四つんばいになって草をとった。一番草から四番草ぐらいまでとる。しかし現在では正条植えが発達して田耕車〔田打車・除草機〕を使うようになり、はってとるのは一回か二回に減り、さらには除草剤を使うので田耕車も使わなくなった。はってとるのは一回だけというところが多い。じかまきが普及するとそれもなくなるであろう。

草取は田ばかりでなく畑でも行ない、よい天気ならば草削りで削っておく。

田草取り（たのくさとり）

田植がすむと草取りがはじまる。草取りはつらい仕事である。

近ごろは農薬が発達して草取りの回数も減ったが、昔は三回も四回もとったものである。田の中を四つんばいになって稲と稲の間にはえた草をとって大きいものは腰に吊《つ》ったかごに入れ、小さいものは土の中にうずめていく。稲の小さい間はよいが、のびてくると、葉さきで目をついたり頰《ほお》をこすったりする。それで若い娘たちは頰かぶりをして笠《かさ》をかぶる。笠も土地土地によってちがう。九州では竹の皮の笠が多かった。バッチョウ笠、タコノバチなどといっている。中国地方では女は藺《い》の編み笠が多い。近畿地方は編み笠のほかに菅《すげ》笠、中部の山地では檜笠が多く、利根川の下流地方では阿波笠とよばれる藺笠が多い。笠は日よけになるばかりでなく、稲の葉をおしわけてくれる。

男たちにはこれというきまりもなかったが、女たちには笠をかぶるにもきまりがあったそうで、大阪府和泉地方では若い娘は紐《ひも》が赤、主婦は白、年をとった女は紺色であった。たすきの色もおなじだったそうである。そういうきまりは北陸地方にもひろがっていたらしく、石川県能登でもきいたことがある。

笠のほかに東北から北陸へかけては、布類をかぶるところが多い。青森県一帯では白い布で頰かぶり

田の草取り（静岡県、昭和34年7月）

する。フロシキボッチといっている。秋田から山形へかけては頬かぶりした上に、黒い細い布で眼のところだけ出してくっている。ハンコタナといっている。これは草取りだけでなく、田の作業をするときはいつもやっている。それから南の日本海岸では色のついたふろしき状のかぶりものをかぶっている者が多く、シハンなどといっている。日やけをふせぎ、稲の葉にすられないようにし、またブヨなどに刺されぬための仕度《したく》であったが、それがそれぞれの土地の一種の風物となって、旅する者の眼にもとまり、心にもしみたものであった。

五月五日（ごがついつか）
（節句・鯉幟・薬狩・菖蒲湯・尻叩き・チマキ・相撲の節会・山開き・女の家）

五月は別名をサツキという。旧暦ならば田植の行なわれる月だが、新暦ならば、五月一日または二日が八十八夜で、この日を目安にして作物の種をまく。

旧暦五月はすでに農耕のいそがしくなっている時で、五月節句にも人は農耕を休むこともない。節句は五日で、男の子の祝い日になっており、西日本では長男のある家は旗幟をたてる。この幟には多く武者絵がかかれている。東日本では鯉幟をたてる事が多い。家の中には武者人形をかざる。鯉幟は西日本にも今は多く見かけるようになっている。このような風習は江戸時代になってから発達したものであり、鯉幟はそのはじめ京都の石清水八幡宮の門前町で土産物として小さい紙幟が売られていたのが、各地にもちかえられ、五月にたてられるようになったといわれている。

この日はまた屋根に菖蒲やヨモギをふき、菖蒲湯に入ると夏病みをしないといわれており、田舎などあるくと今も菖蒲の鉢巻などしている人を見かけるが、古くはこの日薬狩といって薬草をとってあるく日であった。菖蒲を屋根にふくのもそうした事が形をかえて民間にのこったものであろう。江戸の町では子供たちが菖蒲を編んで棒状にしたもので家々のまえの土をうち、また、女の尻など打ってあるく風習があり、それはまた、諸国の城下町などにも伝えられて、行なわれていたが、いまはほとんど見かけなくなっている。この日はチマキをつくり、一家の者でたべ、親戚とも贈答しあう風がある。これを食べる事によって病気をしないと考えた。またこれを入口に吊っておくと悪事災難が家の中に入らないとも考えられて、京都を中心にした一たいではいまも入口の上にこれの吊してあるのを見かける。

この日はまた古くは相撲の節会の行なわれた日でもあった。

鯉幟（山口県防府市、昭和37年4月）

さらにまた、五月五日を目安にして、霊山では山びらきをしている。山伏修行の中心道場であった大峯山では、この日全国から先達が天ノ川の弁財天社へあつまって来て、五月四日の夜は護摩をたき能楽を行ない、五日一同登山した。これを花供の入峯といった。

ところが、五月五日の前夜を女の家とよび、女の祭り日にしているところが少なくない。近松の浄瑠璃にもこの言葉が見えている〔女殺油地獄〕。神奈川県津久井郡では菖蒲とヨモギを家の軒にさすことを女の屋根といっており、長野県諏訪郡ではこの日初嫁は里方からもらったカタビラを着て婿と一緒に里へゆく。その折夫婦仲よくとの心から、葦を二本しばって一連とし、先端の葉には、葉が一緒になってその間に子ができるようにと、葉の一枚毎に小さい餅をつつみ、これをしなしなさせがら持参しなければならなかったというから、五月五日が男の子ばかりでなく、もとは女にとっても大事な日であった事がわかる。

麦念仏（むぎねんぶつ）

五月行事の目ぼしいものは五日の節句だけであるが、このほか、中国地方や四国地方の山中には麦の刈り上げ後、老人たちが寺やお堂にあつまっておこもりをし、麦の初穂をそなえて麦念仏を行なう所が諸所にみられる。麦の刈り上げ祭である。

虎御前の涙雨（とらごぜんのなみだあめ）

五月二十八日は虎御前の涙雨といって、どんなに晴れていても、たとえ三つぶでも雨の降るものだとの伝承が各地にあるのは、曾我兄弟が雨の夜富士の裾野で工藤祐経を討った話とむすびつけられて語られているが、もとは田植にともない雨のほしさから祈雨の行事があったものではないかと思われる。しかし長雨になると、雨障《あまつつ》みといって、忌みごもりをし、晴を祈ったのである。雨は作物の成育をさせるものとして喜びもしたが、長雨はまたものをくさらせ、病をもたらすものとして、おそれられた。

牛馬洗う（ぎゅうばあらう）

夏になるとウシやウマを洗うことは多く、土地によってはそれが年中行事になっているところさえある。本州西部の海岸では陰暦六月十五日の祇園祭のころに川で牛馬を洗う行事があり、瀬戸内海地方では、陰暦六月一日ごろに海でウシを洗った。サバライといっている。ウシについているダニをおとすためで、そのダニをエンコ（河童）が食いに来ているから、子どもはこの日海へはいってはならないとされていた。しかしこのようなものでなくても仕事のあと水のほとりで牛馬を洗う風景はつい近ごろまでいたるところに見られたし、鎌倉時代の絵巻物にも見える。また夏の暑い道をウマなどで乗りつづけて来たときには、川の流れに乗り入れて足を冷やすことも多かった。

海水浴

また海水浴の季節が近づいた。砂浜の続く海では今年も海水浴の客でごったがえすことであろう。そういう習俗のおこったのは明治にはいってからである。それまでは暑い日にも水にはいることはほとんどなかった。昔は神にいろいろの祈願をするとき、まず身を清浄にしなければならないとして、みそぎを行なうことがあった。みそぎというのは水をあびることで、水垢離《みずごり》ともいった。しかもその水垢離をとる場所は大ていきめられていて水行場《みずぎょうば》といった。そこには竹をたて注連《しめ》の張ってあったものである。富士山とか大峯山、出羽三山などにのぼる人たちもみな水垢離をとり別火でたいたものをたべ、白装束に白鉢巻をして山にのぼった。したがって水につかるということはもとは厳粛なものであった。ところが、そういうこ

海水浴（大分県、昭和41年8月）

とをするのは信仰を持った特別の人たちであったが、それとは別に特別の日に水をあびる習慣があった。これは身についているわざわいを祓《はら》うためのもので、六月三十日を夏越《なごし》の節句とも大祓ともいい、昔はこの日、みな海なり川なりへいって水をあびたものであった。大阪湾岸の村むらなどでは夜にはいると男女ともに海へ出て浴《ゆあ》みしたもので大へんなにぎわいであった。

また広島県の厳島神社を中心にした海岸の村むらでは管絃祭とよばれる六月十七日（今は七月十七日）の夜、海岸で厳島の方に向かって火をたき、そのあとで老若男女ともに海にはいって身につくわざわいを祓った。山形県の最上川の流域では七月七日の七夕《たなばた》の日に娘たちが河原へいって七へん水浴してお祈りすると夏病みをしないとか、美人になるとかいったような伝承があった。そのほか全国にみそぎについての伝承は多いのであるが、明治にはいってからレクリエーションが主になったのは大きな変化であった。

草刈（くさかり）

草刈はいろいろある。田植のころ田に入れるための刈敷《かっちき》草刈、牛馬の飼料を毎朝刈る草刈、冬の間の飼料にしたり、堆肥にしたりするための土用草刈、あるいは盆草刈、秋堆肥や牛馬舎の敷き草などにする秋草刈、また屋根カヤを刈るカヤ草刈などがある。そのうち土用草や盆草刈がいちばん大きな労働で、広いカヤ野を持つところでは山に小屋を建てて、そこに寝泊まりして刈ることもあった。九州の阿蘇を中心にした一帯、秋田の鳥海山麓、青森の岩木山麓の草刈など、村の若者たちが何百人というほど出かけていって一〇日も二〇日もかけて草を刈った。刈った草は野にたてかけてかわかす。これを刈り干しといった。

土用草刈や朝草刈は朝くらいうちに起きてゆく。そして昼までにウマの背に一駄、人は一荷を背負うて帰るのを普通とした。朝草刈は女の仕事としているところもあるが、土用刈のように男女総出の場合をのぞいては草刈は男、それも若者があたることが多かった。屋根の材料にするカヤ草は、特にカヤ野というものを村にもうけておいて、そこをみんなで刈って、その翌年屋根をふく者に提供する「かや頼母子《たのもし》」を組んでいるものが多かった。

湯華掻く（ゆばなかく）

湯の花ともいい、みょうばんを合む温泉の湯気が冷えるとき結晶して周囲のものに付着してできる。大分県別府温泉には湯の花をとっている小屋も見られ、水にとかして飲めば胃腸の薬に、風呂に入れれば皮膚病がなおるという。湯治みやげの一つであった。

草刈鎌（広島県比婆郡高野町、昭和59年6月）

コラム　日本の夏祭

夏の祭は京都の祇園会からはじまるといってもよい。祇園会はもとは陰暦の六月七日であった。この祭はもともと御霊会であった。御霊というのは怨霊ともいわれ、うらみをのんで世を去った霊魂のことであり、それが、時に生きている人にたたる事があると考えられた。その御霊をなぐさめるためにまつるのが御霊会である。

さて祇園の御霊会は貞観一八年（八七六）にはじまるといわれている。この年京都には疫病がはやって死者が相つぐので、占ってみると、八坂牛頭天王のたたりであることがわかった。この神は播磨の広峰にまつられていたので、常住寺の僧円如というものが、広峰から京都に勧請し、卜部日良麻呂という者が勅を奉じて六月

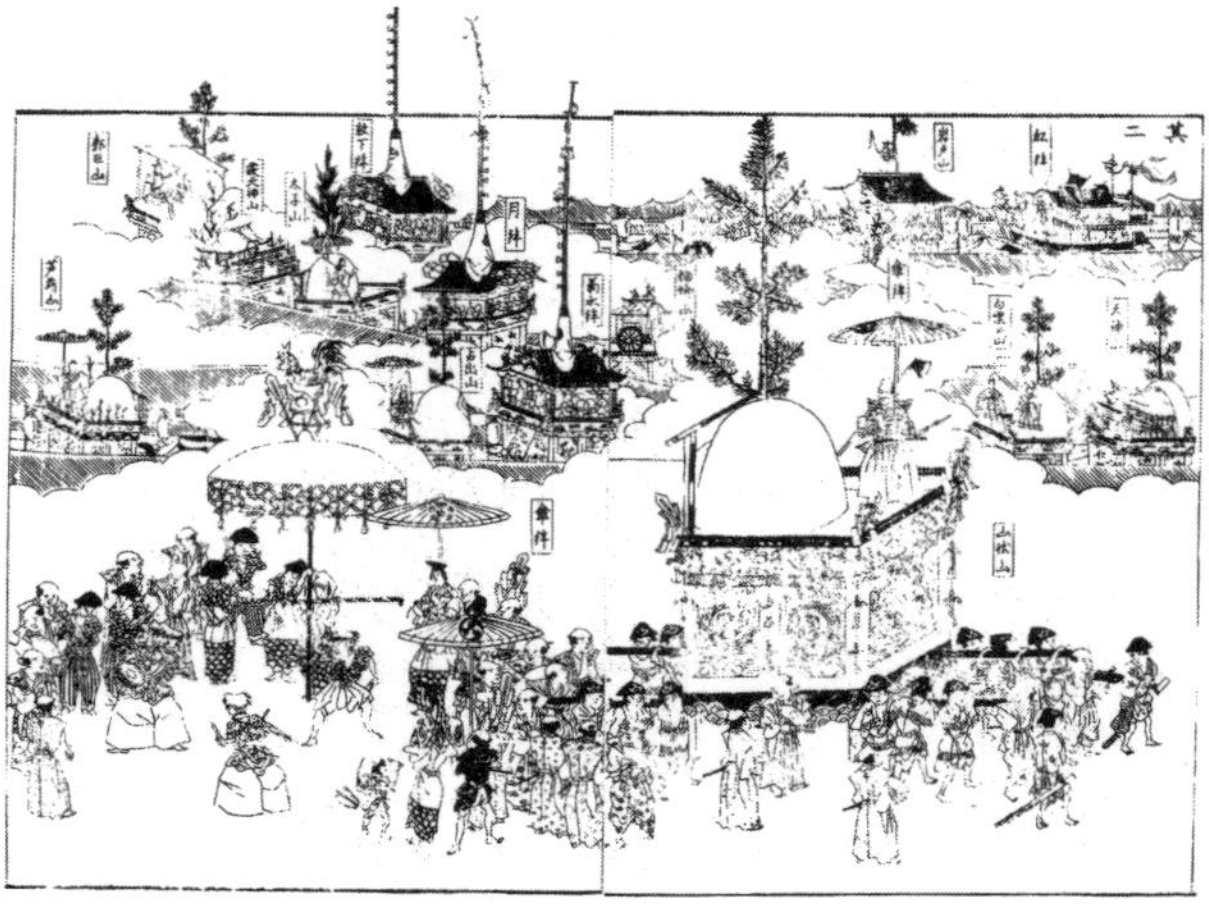

祇園会（『年中行事大成』より）

七日に全国の国数になぞらえて六十六本の鉾をたてまつり、おなじ月の十四日には洛中の若者たちが神輿を奉じて神泉苑にゆき、御霊会の法楽を行なった。はじめは官祭であったが、応仁の乱（一四六七～七七年）の後は町衆が主催する祭にかわってきた。同時に鉾も曲舞車の屋根の上にたて、車の中では曲舞を行なうような様式のものもあらわれたし、また長柄傘の上に鉾をつけ、傘はひらいたままにして傘の下で楽を奏するようなものもあった。現在もこうした山鉾が三〇基あまり保存されており、この山鉾の胴、すなわち曲舞を行なうところは、いま囃子所になっており、その屋根、柱など美事な彫刻がほどこされ、またその前氈（前掛）や見送りに垂らした織物はゴブラン織や錦をはじめ、豪華をきわめたもので、人々の目をうばう。この山鉾が行列してゆく四条通の両側の町家はこれを見物するため家をあけ放ち幕をはって埒

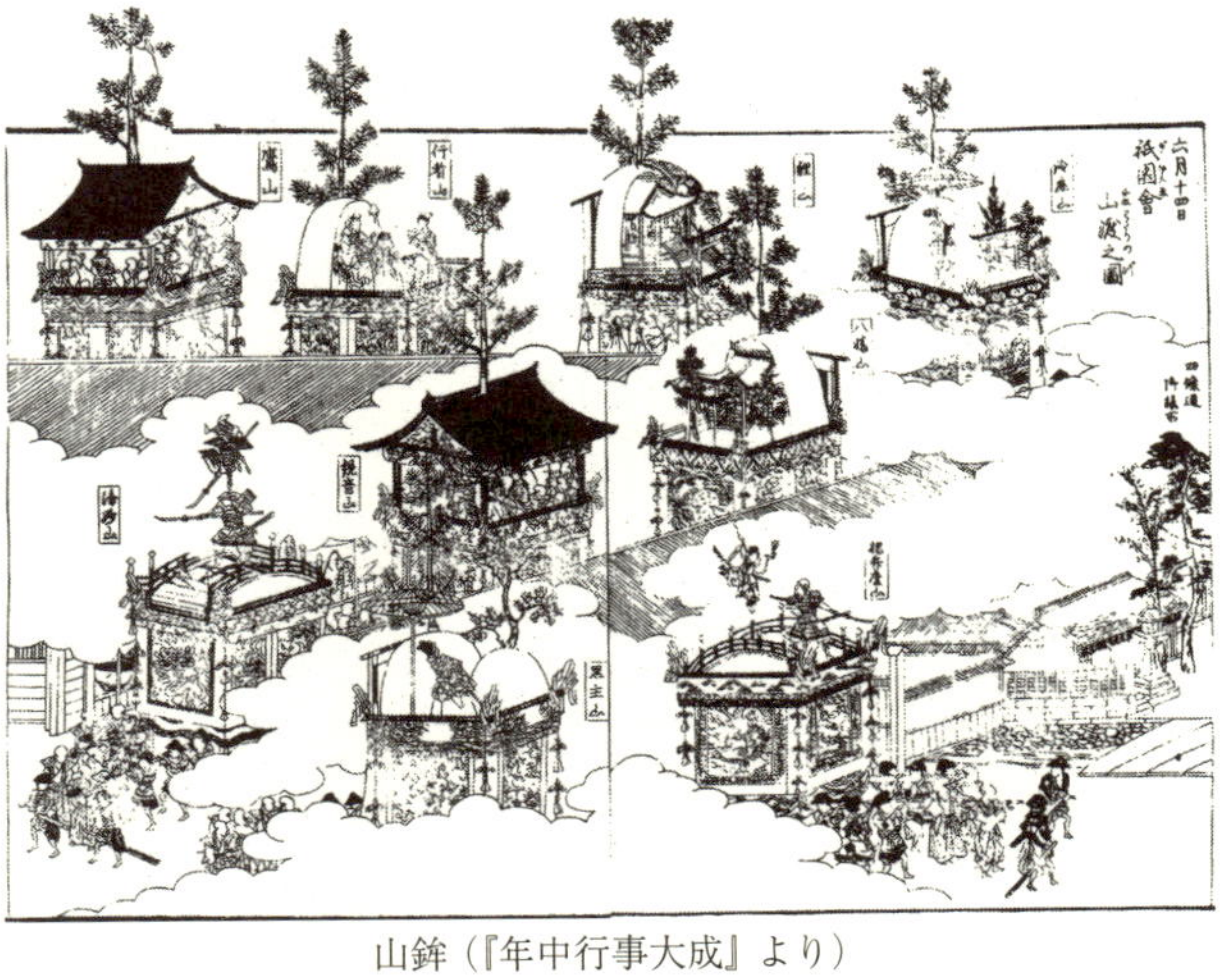

山鉾（『年中行事大成』より）

を結い屏風をたて毛氈をしき、夜はぼんぼりをとぼした。

現在祭は七月十七日に行なわれているが、この豪華な祭を行なうためにはおびただしい人手を要し、また四条通りの電線などもすべてはずしてしまわねばならぬ。時代の推移につれて、まず人手不足が大きく、山鉾をひく人足にも事欠くようになって来た。

この京都の八坂牛頭天王はその後行疫神、すなわち疫病神をとりしまる神と尊ばれるようになり、各地に分祀せられてそれぞれの地の夏の流行病を防ぐ神となった。その地方における目星しいものをあげて見ると、まず九州博多の祇園祭は京都につぐはなやかな祭である。ここでは、山鉾にあたるものを山笠とよぶ。享永四年（一四二九）にはじまったともまた承天寺の聖一国師が悪疫流行をしずめるためにまつった施餓鬼棚を市民がかついでまわったのがはじめともいわれており、台の上に城廓または御堂をつくり、これに人形を配したものを市民たちがかついで町をねりあるく。九月十五日が祭日である。

博多の祇園祭（『筑前歳時図記』より）

博多の東の小倉でも十五日に祇園祭が行なわれ、山笠が町をねりあるくが、ここでは祇園ばやしという太鼓のはやしが名高い。とくに坂東妻三郎主演の「無法松の一生」で坂妻がこの太鼓をうって見せる場面のすばらしさが、小倉の祇園ばやしを全国的に有名にしたともいえる。

中国地方では広島県尾道と鞆《とも》の祇園祭がにぎわう。やはり悪疫がはやってそれをはらうためにはじめられたといわれており、神輿が出て町をねりあるく。尾道では七月十日から一週間祭のいろいろの催しがあるが、最後の日に神輿が出る。

京都から東では愛知県津島の天王祭が名高い。ここでは船渡御の行なわれるのが特色である。七月十日にまず山車の木立をして笛太鼓のはやしをはじめ、十二日夜には車楽〔だんじり〕の船をかざる。十三日には神輿をかざる。十四日には船車楽五輌を出す。大船を二隻ならべて

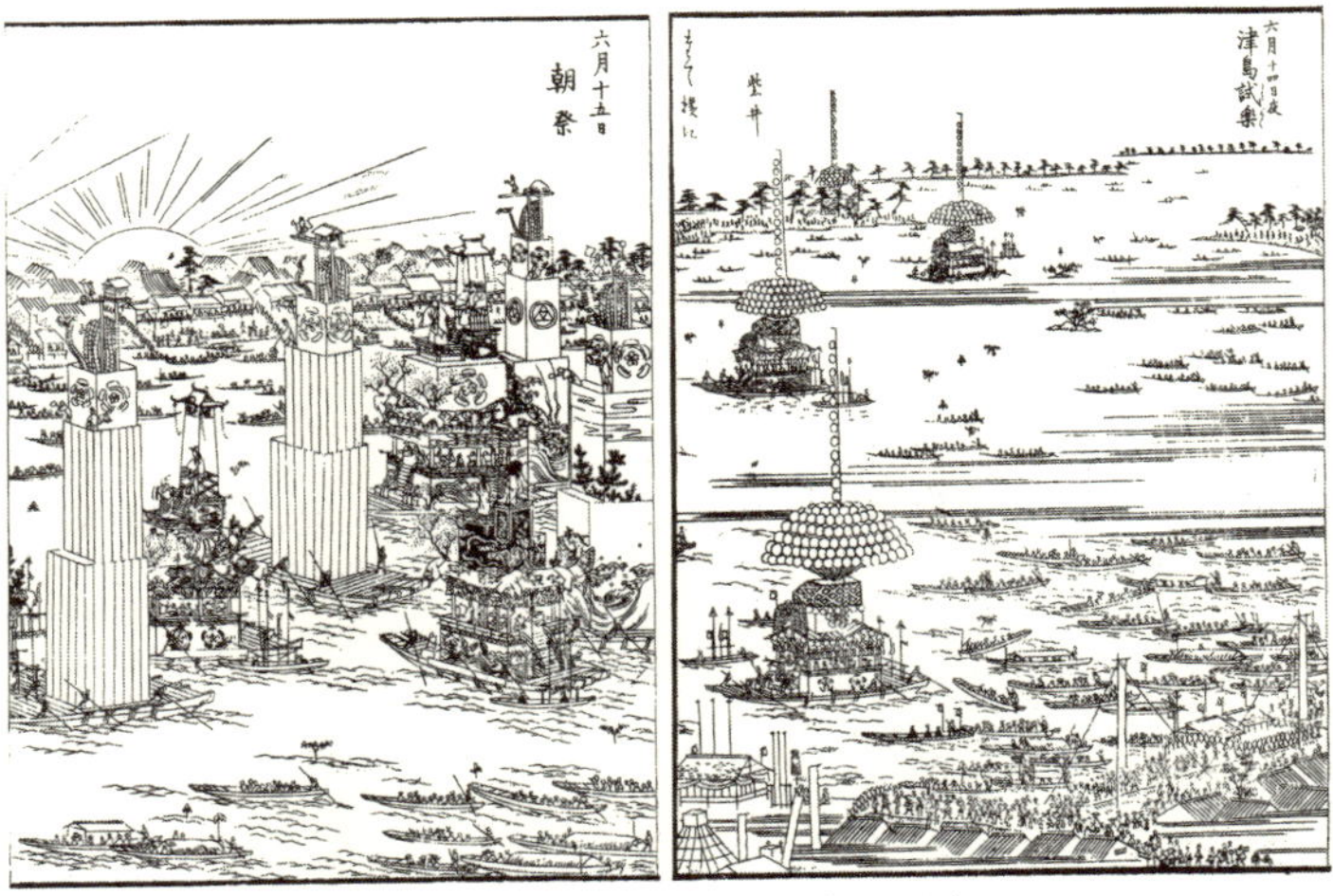

津島の天王祭（『尾張名所図会』より）

つなぎあわせ、その上に車楽をのせ、長い竿のさきにに白張の大提灯をさげ、その下に三六〇の提灯をともす。屋台になったところでは稚児が舞をまい、また笛太鼓ではやした。この車楽船は車河戸から出て川をねりまわす。何百というほどの小船がいずれも美しくかざりたててその周囲をこぎまわる。十五日は車楽船を天王社のまえにこぎつけ、船にのっている若者たちは水垢離をとって神社に参拝し、神人の宅で御神酒をいただき、船に戻ってまた川を練りまわり、それぞれの町へかえる。まったく豪華な水上の祭である。

このほか名古屋、豊橋にも天王祭があり、東京でも品川牛頭天王・蔵前牛頭天王・橋場牛頭天王など市中にいくつかの天王社がまつられて、その祭があるが、全市をあげて祝うものはない。

東京ではむしろ神田明神と日枝神社の山王祭が夏のよびものになっている。神田祭は五月

蔵前牛頭天王祭（『江戸名所図会』より）

十五日、日枝神社は六月十五日で旧暦の祭日をそのまま新暦にしたため、祇園祭よりは一ヶ月早くなっているが、もとは祇園祭とおなじ月に行なわれ、悪疫をしずめるための祭であった。この祭は東京に住む者ならば皆御存知のように渡御の行列が美しいばかりでなく町内それぞれ神社の分霊をまつり、御輿をかざり、それぞれにその神輿が町内をまわって気勢をあげることにある。そして江戸時代には神田と日枝が隔年に祭を行なったものであった。

夏祭は悪疫をはらうためのみそぎが中心になり、したがって水を中心にした祭、海上渡御を行なう祭が多い。広島県厳島神社の管絃祭もその一つである。これも祇園祭とおなじ七月十七日に行なわれている。この日神輿が船で対岸の地御前まで神幸する。その時管絃船がつきしたがう。管絃船は平安時代には京都の貴族たちがしばしば美しくかざりたてた船を大堰川《おおいがわ》にうかべて音曲をたのしんだものであるが、その古式をそのまま伝えているものとして今日では日本で唯一のものであろう。この祭には厳島を中心にして十里あまりの範囲から船で参拝する者が数万にのぼり、船が神社のまえをうずめてしまうほどである。また神社に参拝のできない人々は浜辺に出て厳島の方に向って火をたいて拝んだ。昔は麦藁に火をつけ、それを海に流したものであるが、ちかごろは灯龍をはり、それにろうそくをともしたものをたてて、いくつもいくつもつないで海上に流す灯籠流しが行なわれるようになった。

祇園の御霊会とは別に、日本には古くから、六月晦日に大祓が行なわれていた。これは延喜式祝詞の中にもその祝詞がのせられており、古くからのまつりであった。大祓は罪、けがれを祓う祭であった。その事によってわざわいをのぞこうとしたものであり、祇園祭も大祓の儀式にのっとってはじめられたものである事がわかる。

その祓の形式にもいろいろあって土地によっては茅の輪をつくって、それをくぐるところが少なくない。茅の輪というのは茅をたばねて、それを大きな輪にしたもので、神社の拝殿のまえか、鳥居の内側にもうける。そして参拝したものがこれをくぐると病気にかからぬと信じられていた。その起りについては「備後風土記逸文」に見えている。昔北海の武塔神が南海の女のところへよばいに行って日がくれたので、蘇民将来、巨旦将来という兄弟のところへ宿を求めると、弟の巨旦は金持で家を一〇〇軒も持っていたが宿をかそうとはしなかった。兄の蘇民はまずしかったが快く武塔神をとめ粟柄を座にしき、粟飯をたいて御馳走した。神はそれを大へん喜ばれたが、巨旦に対しては深い怒りを持ち、その後八人の御子神をつれて再び蘇民をおとずれたときは蘇民の家にはまじないとしての茅の輪をかかげさせておき、神力で巨旦をほろぼしてしまった。そして蘇民に向って「自分はハヤスサノオノ命である。もし後の世に疫病のはやるようなことがあれば、腰に茅の輪をつけ、蘇民将来の子孫だといえばまぬがれることができる」といった。そのとき以来疫病のあるときは茅の輪をつくり、また六月の大祓のときにもこれをつくってくぐるようになったといわれる。茅の輪の行事は明治の初頃までは各地に見られたものであるが、現在ではほとんどのこっていない。愛知県大縣《おおあがた》神社・和歌山県伊太祁《いたき》曽《そ》神社・京都八坂神社などではいまでものこっており、茅の輪をくぐるための参拝者は多い。

茅の輪くぐりでなく、水につかってみそぎを行なう風習も各地にあった。大阪府堺大浜の夜市などもそれで、七月三十一日に行なわれているが、この日住吉神社の神輿の渡御があり、飯《いい》匙堀《がいぼり》で大祓を行ない宿院の仮宮で夜をあかす。この日宿院の西の大浜には何千というほどの漁船があつまって来て、大魚市がひらかれる。同時に人びとは海に入ってみそぎも行なったのである。

こうしたはなやかな祭とは別に京都下鴨の河合社のみそぎはまたつつましいもので、人びとが社にもうで、茶店で串ざしの団子をたべ、足を清流にひたして涼をとるのである。この団子をみたらし団子とよんでいる。そして、このあそびを糺《ただす》の涼みともいっている。下鴨の森を糺の森という。

瀬戸内海の西部では六月三十日をサバライといっているところが多い。サはもともと田の神のことなのであるが、この日牛をつれて海にゆき、きれいに洗ってやる。そして牛についているダニを取り去るのだという。

この日はエンコ（河童）がダニを食うために渚近くまでやって来ている。だからエンコにおぼれさせられないように子供たちは潮あびをしてはいけないといわれている。みそぎが牛のために限られて人間はむしろそれをさけるようになったのは、一方、七月十七日の宮島の管絃祭の夜はエンコがすべて宮島へまいっているので一晩中海にひたっていてもエンコにひかれることがないという俗信と裏はらになっている。ともにみそぎのための祭である。

こうして日本の夏祭の多くはみそぎを中心にして発達したものであった。

盆のはなし

盆

お盆の行事は七月一日から始まっています。（一部では八月一日の一カ月遅れですが）この日は「地獄の釜のふたがあく」といわれています。この日から七日ごろまでの間に、「ボンミチツクリ」（盆道作り）といって、山道などのつくろいをしますが、三河（愛知県）では「ショウリョウミチ」ともいっていますから、先祖がその道を山の方からやってくると考えたのでしょう。

また七月一日から、とうろうをたてる地方もあります。とうろうに用いる棹《さお》は杉の木が多く、杉の梢《こずえ》の青葉はそのままにしておきます。ショウリョウは空から来るもので、その目じるしにするためといわれています。高い棹の先にとうろうをつるす風習は、関東から東北にかけて、主として太平洋側に見ることができます。

高とうろう
（岩手県雫石地方、「防長警友」より）

七月七日

七日の日はタナバタで、今では星をまつる日になっていますが「ナヌカボン」といって、盆の一部だと考えている村々が近畿地方には多いのです。小正月行事にくらべてみると、七草の日にあたります。

そこで、正月七日に似たことはないかと見てゆきますと、正月の方は〝七草がゆ〟をたきますが、七日盆の方は「七度飯《ななたびめし》を食べて七度水につかる」という行事が東北地方にあり、また本州の西南にも、残っております。水を浴びるのは身体をきよめるためのものでしょう。

この日を「ネムリナガシ」といっているところがひろいのですが、人間の眠りを流す日と考えたのでしょう。夏は殊に眠いときなのです。青森県のネブタも、もとは眠たさを流すことであったと思います。この日「ノミナガシ」とて、ノミをササの葉に乗せて川に流すこともありました。七草をきざむ時、鳥追の言葉をとなえるのと、何か似てはいないでしょうか。

七月十一日は「オハナトリ」とか「ボンバナムカエ」とかいろいろにいっており、山へ花をとりに行きますが、先祖は、この花と一緒に子孫の家をおとずれて来るものと考えたところが多いのです。正月の松迎えに大へんよく似ており、遠くから来る神様や魂には、必ず目じるしになるものが必要でした。

生き盆

宮崎県の海岸を歩いていた時のことです。漁夫が「このあたりでとれるトビウオは、大阪の方へ全部

ネブタ流し
（鳥取県日野郡、「防長警友」より）

持って行かれるが、盆に食べるのだそうだ。盆に魚を食べるなんて、ずい分変っているではないか」と話すのを聞きました。それから、淡路島の南岸でも、「京都や大阪では、盆に生魚を食べるそうだ」と不思議がっていました。

ところが、お盆に魚を食べるところは少なくないのです。両親のそろっている家では、「イキボン」とか「イキミタマ」とかいって、子は親のところへ魚やその他の贈物を持って盆礼に行きます。あいさつも、「結構な盆でおめでとうございます」といいます。めでたい日であったことが分ります。近畿・中部・関東に見られるならわしです。

盆棚

しかし、十三日の晩には迎え火をたくところは広いのです。墓地と門口で火をたきます。この火がとうろうや、提灯になってきたのです。墓地まで先祖を迎えに行って、家々では盆棚をまつります。これが、正月の年神さまの棚に似ていることについて、宝島のならわしを「日本の正月」に書きましたが、これは土地々々で形はいろいろに変っています。そこに先祖の位はいを出してならべるのですが、位は

盆飾り（山口県萩市、昭和35年8月）

いの出来てきたのは四百年ばかり前からのようですから、その前は、どんなにしてまつったのでしょう。盆棚はほとんど全国に見かけますが、なくなっているところも少なくありません。町や町の近くではあまり見かけません。

盆棚には必ず水を入れた鉢をそなえます。この水にお米を少し入れておくこともあり、ミゾハギの花を入れておくこともあります。また盆の仏を送るときには、団子《だんご》をつくって供える風習がありました。新しい仏のある時には、新しい棚を作りました。竹四本を柱にして、麦わらや杉の葉などを使って座をはり、三方を壁にした棚を作るのです。家の軒下などに作っておきました。これを「アラタナ」といっています。盆に先祖の来るとき、まつってもらうことのない無縁仏もやって来ると信じられていて、盆棚のすみや、一だん低くしたところに、簡単に無縁仏をまつります。「ガキダナ」といっています。土地によっては、道ばたにそれを作ることもあって、「ツジ」（盆の辻）などといっています。中部地方から西にかけては、この無縁仏は盛んにまつられたのです。

盆の火祭

盆には火をたく行事がどこでも盛んです。それにもいろい

相州の盆の辻
（神奈川県秦野市、「防長警友」より）

ろの方法がありますが、高い棹の先にワラや竹で作ったさかずき形のものをつけ、それに松明《たいまつ》を投げあげて火をともす行事が富士川のほとりにありました。しかしこれも、もとは関東から九州までの間に行なわれていたのです。明治になって、危いからとて警察からとめられ、中止されたところが沢山ありますが、関東から東北へかけての高とうろうの、もう一つ古い形のものかと思います。そして、先祖をお迎えする一つの目じるしだったかと思います。小正月のトンドとも関係のあるものでしょう。

十六日には盆の仏を送ります。位はいを仏だんに返し、供えてあった食物を川か海かへ流します。麦わらなどで舟をつくって、それへ乗せて流すところもあります。

小正月の行事に似ているのは、子供たちが小屋を作って、そこで遊ぶ風習がところどころに残っており、徳島県では、のちにこの小屋に火をつけて焼いています。

ボンガマ

また小さな子供たちが、家の前にカマドをつくって、家から米やナスを

麦わらの舟
（宮城県仙台、「防長警友」より）

麦わらの舟
（静岡県伊豆、「防長警友」より）

もらってきて、たいて食べる風習が全国に見られました。「ボンガマ」といわれていますが、「カドママ」（和歌山）「ツジメシ」（岐阜）などといっているところもあります。たぶん盆の仏とクイワカレ（食い別れ）の式だったのだろうといわれていますが、盆踊りは、こうして辻へ集って行なう仏のまつりをもとにして、盛んに行なわれるようになったものと思います。そして、子供のままごと遊びも、ボンガマの行事の名残りではないでしょうか。

盆の終りは、七月二十日としている土地もあり、二十四日を「ウラボン」といっている地方もあります。正月の二十四日は、関東地方——特に伊豆の島々では「キノヒ」などといって、つつしみ深くしていなければならなかった日なのですが、七月二十四日もそれに関係がありそうです。

タノミノセック

小正月と盆の大へん変っていることは、正月には農業の行事が沢山あるのに、盆にはそれがありません。ところが、盆がすんで間もない八月一日を「ハッサク」とか「タノミノセック」といってまつり、九州などでは、稲田のほとりに出て「おたのみします」ととなえたといいます。豊作を祈ったものです。また鳥取県では「ハッサクのトリオイ」といって、家の主人が朝早く田のほとりに出て、

ホーイ　ホタイマイ　ホーイ

と、となえたといわれています。いま、この日の行事はほとんどなくなっていますが、もとはこの日が、

農業に関係の深い祭の日でした。きっと、盆ともつながりがあったと思いますが、まだよく分っていません。関西ではハッサクも盆のうちに入れて「ハッサクボン」といっているところがあります。

正月と盆は、ちょっと見れば少しも似ているとは思えませんが、農村で行なわれていることをこうして比べてみると、いろいろ似ている点もあり、もと同じような祭であったと思います。ただ、盆は先祖のみたまを迎える行事だけがにぎやかになっていったものでありましょう。

秋の風物

七夕（たなばた）

われわれの祖先は、月の満ち欠けをもとにして作った暦で生活していました。これが旧暦です。ところが、現在のように太陽の運行をもとにした暦、つまり新暦（太陽暦）で生活するようになると、七夕といってもお盆といっても、月の光はあまり問題にしなくなりました。しかし旧暦ですと、七月になれば空が澄みはじめ、そして月が半月になったときが七夕であり、まるくなったときがお盆なのです。そのまん丸い月の下で踊ってこそお盆らしい気分もわくのですが、いまはお盆も七夕も季節感とは縁遠いものとなり、ただ七月七日でさえあればそれで気のすむような世の中になってしまいました。

旧七月七日を七夕としたころまでは、七夕の夜は情趣の多い夜でした。半月が西の空に光を出すころに日が暮れます。すると娘たちは、裁縫がじょうずになるようにと、軒に人形をつりさげたり、また麻をつむいで、それを竿にかけ、七夕さまにそなえたりしたものです。山形地方では、この宵に七度水をあびると病気をしないとか、美しくなるとかいって、夕月のほのかな中で、七へんも川原で水をあびた

七夕人形（『真澄遊覧記』より）

ものだといいます。

ところによっては、この日井戸がえをする家も多かったのです。井戸水をすっかりくみ出し、そのあとお神酒を供えて、よい水のわくことを祈ったのです。

またこのころは、ねむさの一入《ひとしお》強い季節ですから、眠り流しということをした地方もあります。富山地方では、人の眠りをさまたげるノミを、笹の葉にのせて流したといいます。青森県津軽地方で行なわれるネブタも、もとは眠た流しのことであったと思われます。いまでも津軽の村の中には、子どもたちが小さい鯛の形をした張子の中に火をともしたものを、川へ流す行事がありますが、これがネブタのもとの形だったのでしょう。

川のほとりはこうして物を洗ったり流したりするばかりでなく、女の子たちが集まって、そこでごはんなどをたいて一緒にたべて楽しむ風も見られました。これは七夕からお盆までの間のことで、四国地方に多かったのです。これを盆釜《ぼんがま》とも河原飯《かわらめし》ともいいました。これらはいずれも、自然にあまえた姿だといえましょう。いまは季

眠り流し（『真澄遊覧記』より）

節とともに事を行ない楽しみ、またしみじみと哀歓を味わおうとする気持ちが弱くなりました。

施餓鬼（せがき）

盆が来ると大和吉野の奥を思い出す。丁度盆の頃にあの山中を歩いて高野山へ出たことがある。どの村でも表をあけはなして仏を美しく祀っていた。アラタナを作っている家もあった。そうした村のはずれに、心ばかりの花と供物をあげて目に見えぬものを祀っているのを見かけたが、これが無縁仏への手向であった。無縁の霊も盆になれば祀られる祖霊についてやって来るのである。普通には盆棚が作られると、その片隅にこの無縁仏のためにものが供えられ、また村共同で施餓鬼が行なわれる。かく祀るものなき霊は、関東では無縁、関西ではガキ、九州の南ではフケジョロという言葉が一般のようである。そうしてしかもこの習俗は全国一様といってもよい程広い分布を見せているのであるが、これが必ずしも盆だけの行事でなく、正月にも行なわれたものである事は暮れの霊祭を仔細に見ると分かる。信濃北安曇郡では年取りの日のおみ

施餓鬼（『大和耕作絵抄』より）

たまの飯を餓鬼の飯という部落があるという。周防平郡島では門松はさまよえる神のためにたてるという。六月十二月の晦日に京の四隅で行なわれた道饗祭《みちあえのまつり》もさまよえる神を祀るものであった。平生は忘れていても大切な祭の日に思い出してこれを祀らねばならなかったのには色々の理由があろう。また祀らねば神仏になれないということにも霊魂の特性があるようだ。とかく忘れがちだったこのさまよえる霊魂の姿を我々の手でもっとあきらかにしてうかばせてあげたいものである。

藪入り（やぶいり）

東京や大阪ではお盆といえば太陽暦七月十五日になっているが、地方は一般に八月十五日に行なわれている。そしてこの日を中心にしておびただしい人びとが町から郷里へかえっていく。いま町にすんでいる多くの人が最近まではいなかで暮らしていたことを物語るものだが、それがどうして盆と正月にこうして郷里へかえる習俗を生んだのであろうか。大正のころまでは町家に奉公している者にはヤブイリ（藪入り）という制度があった。正月十六日か、盆の十六日に主人からひまをもらって四、五日の間親もとへかえって来る制度であった。奉公人ばかりでなく、嫁にいった者もかえっていった。多分そうした制度が一般化したものであろう。

しかしこうした里がえりをなぜヤブイリといったかは、よくわかっていない。奈良県吉野郡の山中では昔は焼畑がさかんに行なわれていたが、その焼畑にすべき場所の山林をきりはらうことをヤブキリ、またそれに火をつけて焼くことをヤブヤキといった。ともに大へんな重労働であったし、ヤブヤキのときはその火があまって周囲の山林にもえうつらないようにしなければならなかった。そこでできるだけ多くの人に出てもらってヤブヤキをしたという。

そうしたヤブキリやヤブヤキのとき嫁にいっている娘は婿といっしょに家へ手伝いにかえって来たが、これをヤブイリといったという。そしてヤブキリやヤブヤキがすむと、親から藤《ふじ》の茎皮繊維《けいひせんい》で織った藤《ふじ》布《ぬの》を一反もらって来た。ヤブイリということばはそのようにしておこったのかもわからない、

これが盆、正月の行事をすませて、ひまになったとき里がえりをするようになり、いまは盆正月の前に家へかえることになった。八月はちょうど夏休み中である。子供をつれて墓参をかねての帰省にはつごうがよい。

草泊（くさどまり）

火山の裾野に広い草原をもつところでは、秋彼岸後に秋草を刈る。九州ではこれを刈り干し切りといっている。大分県の久住《くじゅう》、熊本県の阿蘇、秋田県の鳥海山、青森県の岩木山麓などでは村じゅう総出で草刈りにいく。そのとき草刈り場に仮小屋を建てて草を刈っている間そこに寝泊まりする風習がみ

られた。若い男女はこの草刈りを楽しみの一つにした。山の仮小屋生活なので、かなり自由にふるまうことができ、親しい男女の結ばれるのもそうしたときが多かった。草を刈るときは、皆よい声で歌をうたったものである。そして競争で刈るのだから、はりあいもあった。刈った草は日に干してこづみにしておく。そして秋の取り入れがすんでから、ウマの背につけて家へ運ぶのである。しかし近ごろは草地への道もよくなってトラックなどに乗って日帰りするようになり、仮小屋ずまいの草刈りは少なくなってきた。

風祭（かざまつり）

今年もまた台風の時期が近付いた。台風は昔からいやなものであり、恐れられた。風は目に見えぬ悪い神がいて風を吹かせていると考えられていた。そこで風が吹くと竿《さお》のさきに鎌をつけてたてておく風習が各地にある。風切鎌《かぜきりがま》といっているが、風の神を切るのが目的で鎌に血がついていたなどといういいつたえもある。法隆寺金堂の風切鎌は

風切鎌（福島県石城郡草野村、昭和15年11月）

有名であるが、これは元禄年間の修理のときにつけたものといわれる。

長野県伊那谷をあるいていたら、竿のさきに篩《ふるい》をつけているのを見た。風の神は一つ目で目の多いものを見るとさけて通るのだという。瀬戸内海地方では竹の皮笠《かさ》をあげるところもある。これは風の神と目の大きさをきそおうとしたものであろう。新潟県岩船地方では袋を竿のさきにつけてたてていた。風の神を生けどりにしようというのである。岩手県遠野地方では刀をもった藁《わら》人形を二体、村はずれにたてていた。とにかくあらゆる方法を講じて風の力を弱めようとしたのだが、そのほかの方法としては高い山の上で火をたくことが多かった。

山口県下ではキザキサマ（杵崎様）といって盆すぎに風祭を行なったものだが、だいたい二百十日の一週間前ごろに行ない前七日《まえなぬか》ともいった。夕方になるとほうぼうの山の上であかあかと火がもえて、そこにもここにも秋の豊作を祈る人の心を見ることができた。

このような山の火は中部地方の愛知県山中あたりまで盛んに行なわれていたが、大正の初めごろに各地ともほとんどやんだ。近江の琵琶湖の北岸では、風祭のための踊りをおどったというが、それがいま盆踊になっている。ただしこの地方には昔は盆踊の方はなかったという。盆の送り火と風祭の火は大へん近いようで、あるいは盆は祖霊を迎えて、秋の豊作を祈るための行事ではなかったかと思っている。

名月

名月の晩に、よその畑の梨をとって警察によばれ、ひどくしかられた子どもたちがありました。熊本県の山中のことです。子どもたちは日ごろなかよくしている老人が、名月の夜はよその畑のものをとってもいいと教えてくれたからだといいました。

爺さんのいい分はこうでした。

「その昔、この村をひらいた人々は、村の者みんながしあわせであり、みんなで助けあい、分かちあってくらすことを願っていた。しかし世の中はだんだん変わって、金持ちができたり貧乏人ができたり、また土地も転々として人から人の手に移っていった。そしてそれぞれ自分のものだと思っているけれども、いちばん初めひらいた人の気持は、その土地がある限りはきえてはいないはずで、一年に一度

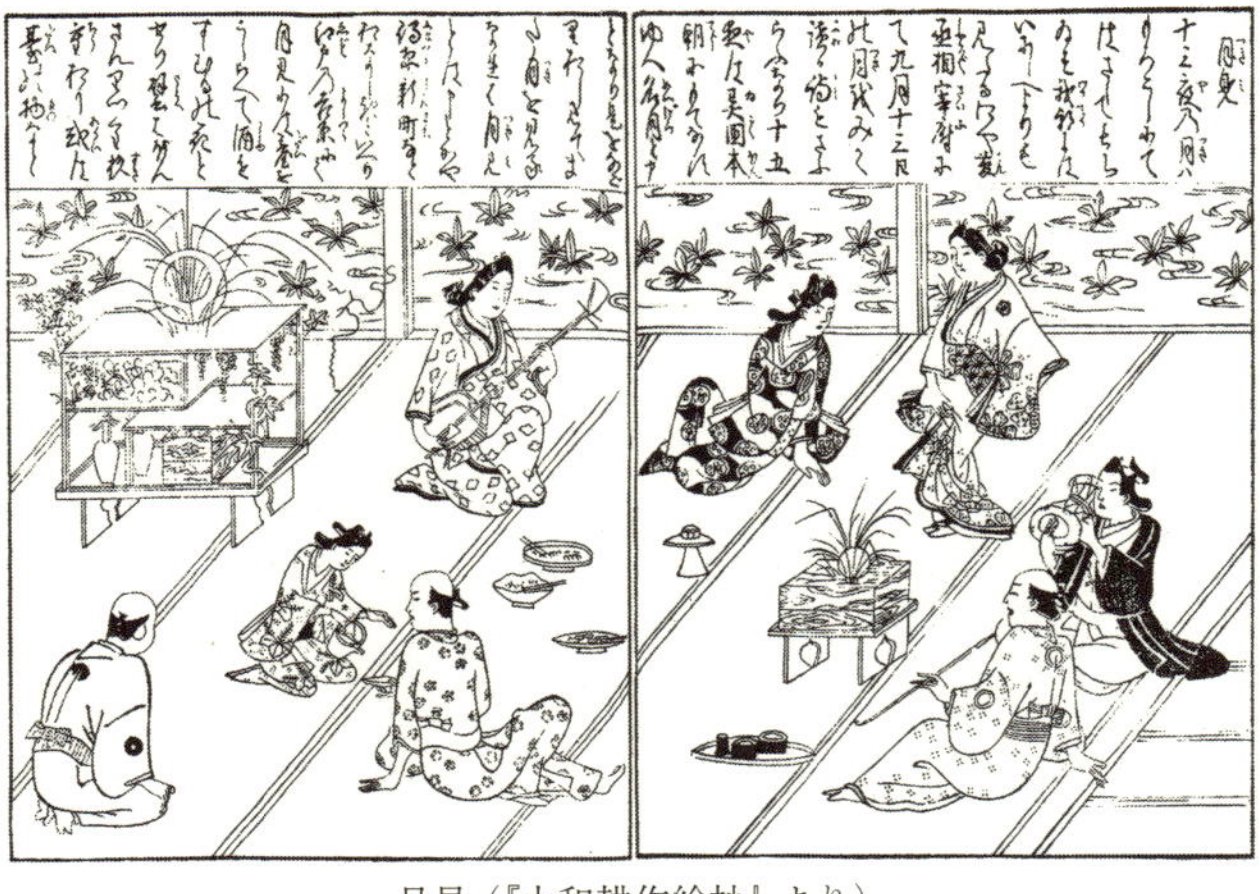

月見（『大和耕作絵抄』より）

だけ昔にもどして、だれがどこのものをとってもよい日をつくった。だからそうすることをご先祖は喜びなさるのだ。」

きいてみればまことにもっともなことです。だがやはり老人のいい分はきき届けられないで、名月の晩に他人の畑のものをとることは止められてしまったといいます。

畑のものでなくても、お月さまに供えてあるものを子どもたちがとってあるく風習はどこにも広くあって、子どもたちには、それがひとつの喜びでもありました。所有観念が昔は今とたしかに違っていました。そして村の人たちは、今日のように自分のものと人のものをきびしく区別はしなかったのです。

名月は、もともとは里芋の収穫祭でもあったかと思います。月に芋を供えるのはそのためだと思います。そしてそのようにして供えたものはだれがとってもよかったのです。ちょうど、お墓へお供えしたものを鳥がとっていったり、神前にそなえたものをみんなで分けてたべたりするのもみなおなじことで、神に供えたものはもう自分のものではなかったはずで、とってわるいというこ

綱引き（『南東雑話』より）

とはなかったのです。

神に供えたものまで自分のものだというようになると、月見もみんなでたのしもうとするものではなく、自分たちだけでたのしむものになり、同時にこうした行事のもつたのしさもきえてきました。昔はこの夜、綱引きをして作物の豊凶を占うという風習が九州地方では盛んでした。

渋取（しぶとり）

昔民家でカキを作ったのは柿渋をとるのが一つの目的であったといわれている。それほど柿渋の利用が多かった。秋九月渋柿のまだじゅうぶんうれていないものをとり、蔕《へた》を去ったものを臼に入れてつく。一つの臼に三人ぐらいかかって横杵を用いてつく。そのとき別に柿つき歌をうたう者がいて歌をうたうと、他の者はそれに合わせてつく。じゅうぶんつきつぶすと水を少し入れてかきまぜ、それを布袋に入れてしぼる。すると渋ができる。渋は壺の中へたくわえておいて、紙をはじめいろいろの布や器具にも塗る。渋を塗った紙は非常にじょうぶであった。家によっては渋柿をつきつぶし、そのまま壺に入れておいて醗酵させて用いることもあった。傘屋にはこうした渋壺が二つや三つ備えてあってその渋汁をとって傘をはるときなどに用いた。

新渋（しんしぶ）

ことしとった渋をいう。古渋は長い間おいてあるので醱酵して独自なにおいをもち、また色も褐色に変わっているのが普通であるが新渋、特に一番渋の場合は澄んでいる。渋のとり方については渋取りの項で述べたが、渋柿をつきつぶしたものを布でしぼってとることがあり、つきつぶしたものを一週間ほど醱酵させ、あわのおさまったときしぼりとる。その液は沈澱物をとると澄んでくる。これを一番渋と呼び、しぼり粕をさらに醱酵させてしぼったものが二番渋で、これにはかなり色がついてきている。こうして日をおくにつれて色が濃くなってくるものである。したがって渋をひくとき色が強くつかないようにしようとすれば新渋を用い、褐色を着色しようとすれば古渋を用いるのがよい。

甘干（あまぼし）・吊し柿・干柿（ほしがき）・ころ柿

わが国ではいろいろの器物の腐朽防止や防虫のために柿渋を利用することが多く、したがっていたるところにカキが作られていた。そのカキは熟してくると、すこぶる甘くなるので、砂糖代用の甘味料としても利用され、またカキで酢を作ることもあった。が、食用として最も多く作ったのはつるし柿である。これは渋ガキの色がついてきて、まだ渋がじゅうぶんぬけていないときにとり、蔕《へた》のところを残して皮をむいて吊るす。カキの名産地である福島県会津・平、山形県村山盆地、山梨県、長野県伊那地方、奈良県などでは晩秋になると、この干し柿風景を今も見かける。こうして干しておくと外側は黒みをおび、中側はあめ色になる。その肉がややしまったころに取り入れて屋内につるす。すると白く粉をふいて、ころ柿になる。ただ干し柿はこの白い粉を吹かせることが大事な技術とされている。またむいた柿の皮もよく干してつきくだき、石臼でひくと甘みのつよい粉になるので甘味料として用い、ダイコンをつけるときなどこれを用いると、甘みの出るうえに色がよくなるので重宝がられたものである。

串柿（くしがき）

皮をむいたカキを縄にはさんでつるすのでなく、竹の串一本にだいたい七、八個ぐらいさし、その串竹の両端

干柿（福島県石城郡草野村、昭和15年11月）

を縄にさして五、六段ぐらいにしたものを軒先などに下げて干す。これが串柿である。これも半がわきになったとき手でもんで平たくして、中身の水分が平等にぬけるようにする。つるし柿と同様のものであるが、輸送の包装その他設備の悪かったときには、串柿にしたものをたばねて菰に巻いたほうが取り扱いに便利であったから、串柿が多く作られた。最近はつるし柿の利用のほうが多くなった。

秋耕（あきうち・しゅうこう）

秋耕はいろいろある。一毛作田地帯では、荒起しといってイネを刈ったあと牛馬で鋤《す》き起こすことが多い。こうしておくと、冬のあいだに土がよく風化して肥料成分が増す。牛馬を使って犂耕する以外に備中鍬を使って耕《う》ち起こすこともある。これは秋耕《あきうち》とか秋起しとかいっている。秋の取り入れがすんでから冬のくるまでの作業であるから、すべての田にこれを行なうのではなく、労力のあまったとき行なうか、または翌年の苗しろにする所を

吊し柿（『日本山海名物図会』より）

荒起ししておくことがある。こうしておくと翌年の作業も楽になる。次に裏作を行なうための秋耕がある。水田の場合は田を起して畝を作り、そこにムギをまき、またはナタネ・ソラマメなどを植えることが多い。この耕ち起しは牛馬を使うことが多く、備中鍬で荒起しをして畝立てをすることもあるが、濃尾平野の湿田地帯では、踏み鋤を用いて、稲株を中心にして土を四角に切り、それを積み重ねて幅三尺あまり高さ二尺ほどの畝を立ててゆく方法をとっている。これを土持ちといっているところがある。高い畝の上にナタネやムギを植える。畑の場合は夏物のアワ・キビ・ソバ・ダイズ・サツマイモなどをとったあとを牛馬で鋤くか鍬で起して、そのあとへムギ・ダイコンなどをまく。この場合は畝立てをすることがほとんどない。最近は田畑とも、耕耘機の利用が見られる。

八月大名

今はそうでもなくなっているが、昔は陰暦二月と八月は百姓の仕事のいちばんひまなときであり、「ニッパチガツ（二っ八月）」といえば、農閑期をさした。「ニッパチガツは百姓の鍬投げ」ともいった。農家ではそういうときに法事・嫁とりなどの招客ごとを多く行ない、親類の多い家では毎日のようにどこかの家へ招かれてご馳走になった。ただ休むだけでなくてご馳走の食べられることから八月大名といわれたもので、出かせぎの盛んな地方でも盆に帰ってくると、秋祭りをすますまではたいてい家にいて親類づきあいに明け暮れした。盆を過ぎてすぐかせぎに出るような者は、よほど貧しい者に限られていた。農業だけでなく、漁業のほうも西日本では八月のトロミといってほとんど漁獲がなく、漁具を作ったり、いろいろの漁祭りを営んだものであった。

秋の彼岸

名月は旧暦の八月ですが、むかしは旧暦九月にも月をまつりました。九月は、十三日が名月です。ふつうは「後《のち》の月」とよばれていますが、「女の名月」とか、あるいはまた、この日、大豆を月に供えるので「豆名月」などとよぶ地方もあります。

太陽暦の九月の行事としては、何といっても彼岸が中心でしょう。彼岸は年に二度ありますが、この日は先祖をおまつりする日です。東北地方ではお墓まいりをするだけではなく、お盆と同じように火をたき、先祖をお迎えする地方もありました。そしてそのとき、

ぢいな　ばあな
こながりで（この明り）
おいでやれ

と唱えたということです。

この日はまた、夜と昼の長さが同じであり、太陽が真東から出て真西にはいることが、早くから信じられていました。そして、日をまつる行事も方々に見られました。たとえば兵庫県の播磨地方では、朝日がのぼると、日に向かってどんどん歩いて行き、夕方、日の沈むときには、夕日に向かって歩くという風習がありました。これを「日の供《く》」といいます。

そのほかこの日には、年寄りたちが高い山にあがり、お日様に祈るという行事が各地にありました。とくに日の入りを拝む風習は、広く各地で見られます。そのとき太陽は、いったん地平線近くまで沈むが、またあがり、それから、ほんとうに沈んで行くのだ、ということが信じられており、そうした日の入りを見ようとする人々も少なくありませんでした。

またたとえば、愛媛県温泉郡では、この日先祖ばかりではなく、生きている親にも供養しました。嫁にいっている娘が、ごちそうを持って家に帰り、両親にふるまうのです。あるいは親を招いてごちそうする家もありました。これを「彼岸養い」といいます。

このような風習は、お盆に行なわれている地方も多いのですが、お盆にしても彼岸にしても、死んだ人をまつるだけではなく、生きている親を大切にする日でもあったわけです。

暑さ寒さも彼岸までといいます。この日が過ぎれば、夏は完全に去ったものとして蚊帳などをしまいました。自然と人間が、ぴたりと呼吸《いき》を合わせたこういう姿に、思わずうらやましさ感ずるこのごろです。

大掃除

流行病を防ぐために、春秋二期大掃除が強制せられるようになったのは、明治にはいってからである。大掃除にはほぼ一定の基準があって、家の中の畳や什器を出して、畳はよく日に干し、天井のすすを払い、床板をあげて床下をはき、どぶをさらい、便所などもくみ取りを行ない、不潔なところには石灰もまいた。くず屋はくずを集めに来、不要のごみは一か所に集めて焼いた。それがひととおりすんだころ、役人の見回りがあり、合格していれば大掃除の済んだことを認めた札をくれる。秋の大掃除は稲刈りの始まるまで、秋祭りの前が多かった。流行病もへったが、大掃除は戦後かなりお粗末になった。都会では大がかりな大掃除は困難になってしまった。

新米（しんまい）

秋祭りは新米で祝ったものである。新米のご飯はやわらかくて味がよい。これに糯米を加えてたいた場合にはねばりもあって、お萩餅にして賞美〔賞味〕することが多かった。新米でお萩餅を作る地帯は北陸から近畿・中国地方にわたっている。

収穫が終わると玄米にした新米を初穂として神社や寺へも農家から一升ずつ持って参る風習が各地にあり、周防大島（山口県）では陽暦十一月十五日に神社でこれを行なっており、この行事を「ケンジョウ」といっている。献上の意かと思う。

穂掛け（ほかけ）

青森県むつ市の祭に、山車《だし》に稲の穂をかけたものがあった。これがいくつかの山車の中心になるものだときいた。ことしできた稲をまず神にささげて感謝しようというものである。

ところが、広島県東部の山中で民家をおとずれると、荒神様をまつってある柱にやはり稲の穂をたばにしたものをかけてあるのをよく見かけた。秋九月、稲刈りのまえに初穂をとってささげるのだということであった。走り穂のみのるのをまって神にささげる風習なら方々にある。

佐賀や熊本の農家で、家の神棚《かみだな》のまえに根から刈った一株をさげているのを見かけたこともあった。神に供えるものを初穂というのはたぶんこうした行事からきたものであろうが、最初にとれたものはすべて神にささげるという慣習は日本人の間にひろく見られた。そしてこの行事を穂掛けといっているところが多いが、中部地方ではカリカケ、中国地方ではワセツキともいっている。

穂掛けの祭りはところによって日が定まっていない。それは稲を刈りはじめる時期が土地によってちがうからで、東北地方では八月十五日に行なうところが多いが、昔は八朔の穂掛けといって旧暦八月一日に行なったものであるという。しかし中国地方の山中では秋の彼岸に行なうこともあった。西日本ではたいてい一戸一戸の家がそれぞれに行なったのであるが、今日行なっている村々の秋祭りは穂掛け祭りの名残りではないかと思う。

稲の黄色にみのった田の中の道を神輿《みこし》の行列のゆくのはよいものである。神輿はお旅所までいって、そこでまつられてそのままでいろいろのもよおしごとをする。そして夕方になるとお宮へかえってくる。ところがその秋祭りが近ごろは年ごとにさびれてきている。

穂掛けの風習などもしだいに忘れられていく。一つには稲作が安定して来て豊作に対する喜びが昔ほどでなくなったためであろうが、農家そのものも落ち着きがなくなった。

稲刈り（神奈川県、昭和34年10月）

稲刈り

近ごろは早稲《わせ》は八月末には刈りはじめる。そして晩稲《おくて》も十月末にはだいたい片付いてしまう。戦前のように十月にはいると各地いっせいに刈りはじめるというようなことはなくなった。

稲刈りがいっせいに行なわれたころには人手不足をおぎなうために、水田のとぼしい山中や、海岸ならば沖の島々から、田所へ稲を刈りに出たものである。男も女も出ていったのだが、女の方が多かった。これを秋仕奉公ともアラシコともいっている。長崎県五島の北部の島からでさえ、ひろい海をわたって佐賀平野あたりまで稲刈りにいったのである。北九州の沖合いにある小さな島々からも九州本土へそれぞれ稲刈りにいっているし、山口県の西岸から北岸の島々でも皆稲刈奉公はなされたもので、山口県豊《ほう》北町《ほくちょう》の滝部には奉公市というのがあった。沖の角《つの》島《しま》の人たちがやって来て、村々の農家のものと労働の契約をするための市で、春から秋までの間に定期的に行なわれている。

稲刈り（『一粒万倍穂に穂』より）

また瀬戸内海の島々の女たちは中国地方の村々へかせぎにいっている。昔は女たちは雇われた家々で食べさせて寝させてもらって一日一升の米をもらい、一軒の家の仕事がすむと、また次の家へゆくというようにして、四十日くらいはかせいだ。すると米一俵になる。その米をもって郷里へかえって正月をした。皆米ほしさの奉公であった。

そのころは賃も安かったが、米の方もいまよりは値うちがあった。いま一日一升で働くようなものはどこをさがしてもいない。もうこのような奉公はなくなったのかと思っていたら、北海道の天売焼尻《てうりやぎしり》の島の女たちは石狩平野へ稲刈りにいっているという。やはり米をもらうのが目的だが日当は四―五升にふえていた。しかし佐渡あたりでは広い世間を見てあるくために越後平野から関東平野へかけて稲刈りに出る青年がふえて来た。

稲架（新潟県、昭和33年10月）

稲干す

稲干すとは刈り取ったイネを稲扱《いねこ》きのために干すこと。湿田の場合は、刈ったイネは田舟や田そりに積んで畦《あぜ》まで運び、稲架《いなはさ》にかけて干す。乾田の場合はそのまま田面に干すことが多かったが、最近は一段稲架に干しているところが多い。東北地方では、棒を立て、それに稲束をはさんで積みあげていく方法をとっているところが多い。陸稲は穂先を上にして、支柱にたてかけて干しているのを多く見かける。イネはじゅうぶんかわくと、自家の稲蔵・稲小屋へ運んでしまっておくか、または稲むらに積んでおいて稲扱きをする。近ごろは稲架からはずしたままや、刈り干しのままで稲扱きする場合が多い。

稲扱き（熊本県、昭和35年10月）

籾摺・籾殻（もみすり・もみがら）

稲扱きがすむと、その籾を筵に広げてよく干し、それを籾蔵にたくわえておき、麦まきがすみ、しぐれが降るようになると籾摺りを始める。今は動力籾摺機を使うから、いたって簡単に玄米を得られるが、それ以前はすべて人力により、土臼を用いて摺ることが多かった。籾摺りには臼挽きの桛《かせ》にとりつく者三人、桛の頭を持って回しつつ土臼に籾を入れる者一人、籾を運ぶ者一人、摺った籾殻と玄米のまじったものを唐箕《とうみ》にかけて、籾殻と玄米に分ける者一人、玄米を千石どおしにかけて摺りきれていない籾と玄米をわける者一人、以上少なくとも七人を必要とする作業であった。だから、一家の者だけでは手が足らず、人を雇ったり、ユイ（交換労働）で摺ることが多かったが、その籾も夜明けの暗いうちに摺りはじめて、日の暮れかかるまで働いて籾にして二〇石、玄米にして一〇石摺ればよいほうであった。そこで一度に摺ってしまわないで、春や夏にも摺ることがあり、これを春摺り・土用摺りといった。籾摺りはいやな仕事であった。しかし年貢米や小作

籾摺り（『農業全書』より）

米の分だけは、どうしても早くすまさなければならなかった。東北地方の米どころでは、みぞれの降るころになると来る日も来る日も夜昼なしに籾摺りをし、そのにぶい音が村中にみちていた。籾摺りによって玄米と分離した籾殻を、籾糠またはすくもというところが多い。これはもとはたいして利用されなかったが、いまでは保温・被覆用としたり、焼いて灰をとったりする。また、生果物をたくわえるとき、この中に入れておくとくさりにくく、籾殻かまどの燃料としても重宝される。

夜庭（よにわ）

夜籾摺りをすることを夜庭といった。農家の土間を庭というが、その庭で籾摺りをしたものである。土間いっぱいに筵を敷きつめ籾蔵に近いところに土臼《つちうす》をすえ、唐箕の口は屋外に向け、籾がらが外へと び出るようにし、千石どおしは広いところにおく。摺る籾のたくさんある家では、この配置をそのままにしておいて、人手がそろって時間のあるときに摺るようにする。すると夜間が多くなる。早く籾を摺り終わった家や若者の多い家では昼の仕事を終えてから、籾をまだ摺ってしまっていない家へ夜手伝いにゆく。特に若い娘のいる家へは若者たちが押しかけていって手伝いしたという。夜の籾摺りは暗いランプの光をたよりにして行なった。籾摺りがすむと、庭じまいといって庭にこぼれた米などひろい、それでだんごを作り、飯をたき、飲食して慰労するのが常である。

新綿（しんわた）

ワタは明治時代以前には三河（愛知県）・大和（奈良県）・河内（大阪府）などで多く作ったもので、それも水田に作づけするものが少なくなかった。大阪平野などイネが三分でワタが七分であった。大阪府地方では淡路・但馬地方から女を雇ってきてこの広い綿圃の除草・耕作にあたらせた。ワタは六月に花が咲き、それが実になり、九月になると実がわれて中の綿がふいてくる。それを女たちが摘んでまわる。前だれが袋になっていて、そこへ摘みこむようになっていた。摘んだ綿はからを取り去り、次に綿繰り機にかけて、実をとってしまう。こうしてできたものが新綿である。これを糸につむいだり、ふとんに入れるようにするには綿弓で打って綿の繊維をほぐしてしまわねばならない。

綿摘み（『綿圃要務』より）

若煙草（わかたばこ）

タバコは古くから新大陸で用いられていたものであるが、コロンブスのアメリカ大陸発見以後、ヨーロッパにもたらされ、日本へは天正年間（一五七三―九一）に伝わって来ている。そしてすぐ全国的に流行をみるにいたり、各地に葉煙草を栽培するところができた。しかし喫煙の弊害が大きかったので、幕府はしばしば喫煙を禁じ、まだ田畑で作ることを禁じた。すると農民たちは、山地をひらいてそこにタバコを作った。ところが新開地ほどタバコのできはよかったので、かえってよい成績をあげることになった。タバコは春、苗床に種をおろし、苗が大きくなると田畑に移植し、六月末にはその葉を採って陰干しにする。次に熱気乾燥すると葉は茶色になる。それを細かく刻んで煙管《きせる》につめて吸った。こうしてその年にはじめて作られたタバコを若煙草という。昔は新葉のよく乾燥したものを束にして知人などに贈ることもあった。

タバコ畑（石川県、昭和36年7月）

豊作

農民にとって豊作ほどうれしいものはない。夏の旱魃や秋の台風がなく、秋晴れの日がつづいてイネの開花がじゅうぶんに行なわれると、その年の豊作はきまってくる。穂が出て、色づいてきたころ、中なびきといって、イネが直立しているのでなく、やや弓なりに傾いているようなできぐあいならば豊作にきまっており、豊作の一つの基準になるものは、平地の水田ならば、「畝取り」であった。畝取りというのは一畝に一俵とれること、すなわち四斗とれることで、一反には四石ということになる。昔から畝取りならば大豊作とされ、今日でも一反四石は豊作である。だいたい一反に三石二斗以上あれば豊作と考えたものである。これは幕末のころからほとんど変わっていない。ただ、昔は豊凶の差がはなはだしかったもので、不作のときは二分作・三分作というようなこともあり、また田一枚一枚の出来高もずいぶん違っていたが、最近では農耕技術の発達、品種改良などで豊凶の差が著しくちぢまり、また耕地改良などによって田一枚ごとの収量の差もかなり少なくなってきた。したがって豊作の喜びが昔ほど強く実感としてわかなくなってきた。昔は豊作の年には全村をあげて喜びあい、秋祭りなども、神輿を新調したり、鳥居を建てたり、旅芝居を招いたりして祝ったものである。神社の境内の玉がき・獅子〔狛犬〕・記念碑など調べてみると、そのことがよくわかる。

凶作

凶作は気候の不順なときや病虫害によることが多い。特に東北地方における凶作は気候不順、冷害によるものが最も多かったが、西南地方では病虫害によることが多かった。普通に不作というのは平常の年の二割ないし三割減ぐらいのことをいい、それ以上に悪いとき凶作といっている。凶作のときは収穫皆無のこともある。また二、三割程度とれることもある。そのような凶作・不作が東北地方では五年に一回は見られた。それほど米は作りにくいものであった。しかし保温折衷苗しろの実施や病虫害防除の薬剤の発達によって凶作はここ一〇年間ついに見ることがなくなった。凶作があると食物がなくなるので飢饉が起こる。飢饉のことを東北地方ではケカチともガシンともいっているが、ガシンは餓死のことであろう。昔、東北地方では、凶作があると農民が家を捨てて南へ移動するふうが見られたし、女子どもを売ることが多かった。また、どろぼうもふえたものである。凶作の年には、人々はいろいろの代用食をもとめて食いつないだ。

松手入（まつていれ）

秋十月になると去年のマツの葉は急に赤い色になって散っていき、今年葉が残る。そうした時期に古葉を払ってしまい、はさみなど入れて来年の芽も整えておく。最近はマツクイムシに枯らされてしまうことが多いので、虫が幹にそってのぼって行かないように、幹の中途に菰をまいておく。虫はこの下に集まって来るから、かえって処理しやすくなる。枝配りをはじめ樹型を整えたり、どういう新芽を出させるかに心をくばったり、庭木のなかでもマツの手入れはむずかしいものの一つである。

夜業（よなべ）

近畿地方の村々では、八十八夜から陰暦八月一日の八朔までの間昼寝が許されており、八朔のもちを食べると昼寝がなくなるばかりでなく、よなべが始まったものである。だから八朔のもちのことを昼寝の取りあげもちとも、八朔の苦《にが》もちともいった。近畿に限らず、八朔または秋彼岸を境にしてよなべを始めるところは西日本に広くみられる。よなべにする仕事はほぼ決まっていた。男のほうは藁仕事が多かった。縄ない・わらじ・草履作り・筵打ち（筵編み）などであり、女は糸つむぎ・砧打ち・着物のつくろいなどである。そのほか米麦をついたり、粉をひいたりすることもあり、イネの取り入れがすんでからは籾すりもよなべ仕事が多かった。中部・東北へかけてワタを作らず衣類はアサにたよっているところでは、麻《お》〔芋〕績《う》みも大事なよなべの一つである。農民だけでなく、町人も職人もよなべはした。たいていはいろりにまきをくべてその火のあかりで仕事したが、月あかりを利用して草履を作ったり、唐臼《からうす》をふんだり、また稲田を刈ることもあった。よなべはたいてい何人か集まって作業したもので、それも娘は娘で集まり、若者は若者で集まった。普通の民家の台所や土間を利用することもあったが、若者たちはイネを刈ったあとの田の中や空き地に小屋を建て、そこでよなべすることが少なくなかった。岐阜県飛驒地方のほおかむり小屋や、大分県玖珠地方のよなべ小屋は、そうした特設された小屋である。夜業をよなべというのは作業を終えると必ず夜食をする風習があったためかと思われる。つまり夜鍋を意味するものであろう。明治年間にはいって工場工業が発達してからも夜業は盛んに行なわれた。会社や工場などでの残業も、暑い夏の短夜のころに比べ、夜寒をおぼえるころになると、夜業という感じが強い。

草履作り（新潟県佐渡郡、昭和35年8月）

夜食（やしょく）

昔は夜業《よなべ》をしたあとには必ずといってよいほど夜食を食べたものである。夜業をヨナベというのは夜鍋からきたものであろうと、「夜業」の項に書いたが、夜食として食べるものは雑炊が多かった。夕飯の残りに菜・ダイコン・イモなどを切り込んでみそを加えてたいたものであった。いろりに自在鈎をさげ、それになべをつるして、なべでたいたものである。そのほかではサトイモ・ジャガイモ・サツマイモ・エダマメなどをゆでたりして食べた。冬になって、餅のあるときはそれも焼いて食べる。米の餅は少なく、アワ・キビ・ヒエなどが多かった。ときおり女たちも加わって、そば・うどん・だんご・かやくめしを作ることもあった。このような風習は夜業の続けられた大正年代の終わりごろまで見られた。町家の職人なども夜業をすることは多く、大阪ではその夜食はうどんが多かった。正規の食事でないからお膳を用いることはなかった。夜泣きうどんやうどんの出前は夜業と深い関係があり、本来なら夜業をやっている家で夜食を作るべきものであったが、ほかで作ったものを買って食べる便宜が得られるようになって、都会では家のなかで夜食を作ることが減った。また一般農家でも夜業が少なくなるにつれて夜食を食べることもなくなってきた。

苧績み（おうみ）

いまはどこへいってみても手つむぎ手織りの着物を着ている姿を見かけることはなくなった。しかしいまから三、四十年まえ、昭和の初めごろまではいたるところで見かけたものである。

地方をあるくと家のまえの畑に麻をつくっている家は少なくなかった。その麻を刈ってコシキとよぶ高さ二メートルもある筒形の桶《おけ》に入れ、釜《かま》の上にのせてむし、皮をはぎ、その皮を水の流れるところへ持っていってよくあらい、二本の竹の間にはさんでこいで荒皮をとってしまう。さらにそれを木灰の汁にひたして煮て白くし、水でさらしたものをこまかにさいてひねりながらつないでゆく。それを苧《お》を績《う》むという。昔は旧八月一日の八朔《はっさく》の日から夜なべをすることにきまっていた。いまなら九月の初めころである。

苧うみは女たちの夜なべ仕事が多かった。一人だけではしんきな仕事だったので、娘が二人三人あつまって話しながら仕事をつづけたもので

苧うみ（『和国百女』より）

あった。うんだ苧は苧桶《おぼけ》中にためていった。そうした作業が山村のいたるところで見られた。うんだ糸は糸車でよりをかけ、さらに枠《わく》にとって機《はた》に織るように仕立てるのであるが、新潟平野の村々では苧うみの夜なべは一、二月〔十二月？〕の雪の来るころまでであった。その間に来年一年の間家族の者に着物一枚か二枚ずつ着られるほどの苧をうんだ。

うんでしまうと苧うみながしといって、おはぎもちのようなものをつくって、心ばかりの祝いをした。すると若者たちがやって来て、その仲間にはいってにぎわったものであったという。苧うみながしはなくても、稲刈り上げのころにはどこでもご馳走をつくって夜なべ仕事をしばらく休んだ。昼も夜も働くのであるから疲れもはなはだしかったが、男に毎年新しい手織りの着物を着せるために働いた女たちは、それなりに生きがいを感じた、と若い日をふりかえりながら話してくれる。

砧（きぬた）

砧は和名抄にキヌイタ〔岐沼以太〕とよみ、擣衣石、つまり衣をうつ石であるといっている。また擣衣杵を和名でツチ〔都知〕といったとある。『和漢三才図会』にはこのツチを俗名シコロというともある。木綿出現以前の衣料となったものはフジ・アサ・マダなどの茎皮繊維が多く、それらを蒸して、さらに川でさらし、テスリツムを用いてつむぎ、機に織ってみると、繊維の太いごわごわした布ができる。布目もあらいのである。そういう布をやわらかくするために、中国では石の上にのせて、槌でたたいたもののようであるが、日本では、砧盤は木の台でその上に布をにのせ、それを小さい横槌で打つのである。台はマツ・スギ・ヒノキなどの切株がよかった。円形である上に、木目がこまかく、布を打ってもすりへったり痛むことが少ない。その上に織って染上げた布をおき、横槌で叩くのである。槌はケヤキがよいといわれている。かるくとんとんと調子をつけてたたくので、槌は重くてはならない。まんべんなく叩いていると、布はおのずからやわらかになってくる。この作業は多く女の夜なべ仕事として行なわれたものである。アサ・フジなどを衣料に利用した地帯には砧は長くのこっており、大正時代までその使用を見ていたが、木綿織の地帯でも、手紡ぎ、手織の行なわれたところにはこれを見る事ができた。しかし、そういう地域では明治に入っていわゆる紡績糸、または唐糸といわれる機械製の糸が使用されて、細い糸が用いられはじめると、砧で打つ必要はほとんどなくなってきた。むしろ逆に着くずれを防ぐために、洗濯するようになってきた。なおついでながら、砧でうたねばならぬようなごわごわした布は手であらうには強い力が

砧打ち（兵庫県家島坊勢、昭和17年9月）

必要で、容易な技でなかったから、多くは石の上に布をおいて、足でふんで垢汁をとり去ったものである。このような洗濯はアサ布を多く用いた地帯になお若干の痕跡をとどめている。

俵編（たわらあみ）

稲刈りがすむと籾すりの始まるまでの間によなべに新藁を使って俵の菰編みをする風習が各地でみられた。まず細い編み縄をない、次に藁のはかま（下のほうの鞘葉）をとってきれいにし、これを菰編み台を使って編んでいく。じょうずな者なら一時間に一枚は編むから二、三人で少し仕事にはげめば一晩に一〇―二〇枚の菰は編まれる。これをまず筒状にし、一方の端をじょうぶな縄でとじて袋状にし、その俵の中にもう一つ俵を入れる。つまり二重俵にする。そうしないと中身がこぼれやすい。また両端にあてる桟俵を作る。俵の大きさはもときまりがなかった。土地によっては五斗俵があり、四斗俵があり、三斗五升俵もあった。これは年貢の取りたてと深い関係があった。たとえば高一石について三斗五升の定免のところでは三斗五升俵が普通であったし、福岡県の黒田藩のように叺《かます》を用いさせたところでは、筵を袋状にとじて作ったものに米を入れさせて俵を使わなかった。俵はまた米を入れるだけでなくムギ・イモをはじめ、炭・塩その他の農産物を運搬する場合にも用い、用途はすこぶる多かった。だから籾すり前ばかりでなく、必要に応じて編んだものである。

新麹（しんこうじ）

新麹はことし収穫した米で造った麹のこと。関西地方には秋祭りに甘酒を造って神前に供え、また村の者がこれを飲む風習が、もとかなり広くみられた。秋祭りのころになると麹屋が繁盛した。たいていは村のなかの器用な者が室《むろ》を作って麹を造り、それを室蓋に入れて売り歩いた。売るといっても新米ととりかえる場合が多い。室蓋一枚の麹は米にして五合に足らぬが、それを白米一升ととりかえるのである。新米を持っていない家では銭で買う。こうして麹屋はもうかるものだといわれ、麹屋をすると財産ができた。麹造りをする者は灘や堺あたりの酒蔵で働いた経験をもっている者が多かった。麹の種は大阪から買って来たという。昔は、その麹でどぶろくを造ることもあった。

新酒（しんしゅ）

新酒はことし新しくつくった酒のこと。江戸時代以前には酒は濁り酒が多かった。濁り酒に対して澄んでいる酒を澄み酒といったが、澄み酒のつくり方は、今までにおよそ三回大きな変遷があったようである。『延喜式』によると米をこしきで蒸したものに麹と水を加えて醗酵させてもろみをつくり、それを布でこして得たようである。しかしこのような酒は一般にはつくらず、濁り酒がおもであったようだが、中世にはいると、その酒の上澄みを汲みとって澄み酒として用いた。中世末になると、いわゆる三度仕込みの方法が発明される。これは酒を醸造する容器として、竹のたがをはめてつくった大きな桶が用いられるようになったことと深い関係を持つ。それまでは甕を用いて醗酵させており、甕の大きさはだいたい一石入り程度であったし、その取り扱いも不便であったが、竹たがをはめた大きい桶の取り扱いは容易であった。もともと新酒はその年の新米でつくって神に供えたものであった。だから近世初期以来、酒が大量につくられて一般民に飲料として売られるようになっても、酒造家たちはまず新酒を酒の神に初穂としてささげている。しかし商業用の酒はこれを収穫祭に神にささげるのが目的でないから、新酒の売り出されるのは新春を過ぎてからが多かった。酒の古い産地である和泉・摂津（大阪）地方では酒造家たちは大きな酒蔵を持ち、新米を買いこみ、杜氏《とじ》・蔵人《くらうど》・米搗き男を雇い、まず米をしらげさせてこれを蒸し、それに麹と水を加えて醗酵させ、さらに、それに蒸し米を加えて醗酵させる。これが中仕込みであり、再度蒸し米を加えて醗酵させる。そしてじゅうぶん醗酵したものを袋に入れてしぼる。その得たものを新酒という。

酒の仕込み（『日本山海名産図会』より）

濁酒（どぶろく・にごりざけ）

濁り酒は通常どぶろくという。民間でもとは広く自醸せられていたものである。今日もなお僻陬地にはこれを自醸しているものが少なくない。酒の自家醸造は江戸時代までは民間でこれを行なっても罰せられることはなかったが、明治中期以来販売用の酒の醸造のみが許可せられることになってのちも、なおひそかに自醸する者があり、警察はその取り締まりに手をやいたものである。一方、自醸する側は高い清酒を金を出して飲む財力のない者が多かったために、あらゆる手段によって密造した。特に太平洋戦争後には密醸が盛んで多くの話題を生み、隠語も多かった。そのおもなものをあげると、カスケワッカ・国民酒・白露・岸の下・藪の中などがある。その醸造法はスギの若葉・ヤエムグラ・ムクゲの花などをとって陰干ししたものにつくかびを種にして麹をつくり、その麹を飯に入れて醗酵させたといわれるが、種によって酒の味はそれぞれに変わっていたものという。一方、清酒の酒造場に働いていた者が、ひそかにそこの麹をぬすんで来て、それをもとにして酒をつくることもあった。このほうが味はずっとよかった。濁り酒は多くの場合一度仕込みで、飯に麹を加えて醗酵させ、それが甘酒から辛酒に変わると飲む。長く放置するとすっぱくなるので、灰汁《あく》を加えて中和させることもあり、また飯を追加して、いわゆる二度仕込みにすることもあった。

葡萄酒（ぶどうしゅ）

ブドウをもって酒をつくることは東洋には古くから行なわれており、『史記』大宛《だいえん》伝にそのことが見えているが、日本でも古くから醸造されていたようである。山形県西南山間地方や滋賀県伊吹山山麓には山ブドウの野生するものが多く、これをとってきてつきつぶし、水を加えて壺に入れておくとおのずから醗酵してくるので、ころを見はからって飲用にしたといわれる。江戸時代には甲斐（山梨県）を除いてはブドウの栽培はほとんど行なわれていなかったから、ぶどう酒をつくるためにブドウを栽培することはほとんどなかったとみられる。しかし明治時代にはいると、米をつぶして酒をつくるのはもったいない。むしろブドウやムギを利用して酒をつくるべきだという考え方が流行し、まず山梨県でぶどう酒がつくられ、ついで広島・新潟両県下でもぶどう酒用のブドウがつくられはじめたが、その酒には渋みがあって一般には喜ばれず、市販には成功しなかった。が、明治六年神谷伝兵衛は渋みをぬき、甘みをつけることに成功して蜂印香竄葡萄酒《はちじるしこうざんワイン》をつ

ブドウ園（長野県伊那市、昭和38年7月）

くり出した。ぶどう酒は造血作用をするものとして薬用に用いられることが多かった。民間でも山ブドウや生果用につくったブドウをとって実をつきつぶし、自醸して自家用にする風習が、明治になるとかなり広くブドウ栽培地に見られるようになる。だが、それらは甘みが少なく渋みが多いために、多く飲めるものではなかった。昭和十年代になって自醸したものを市販するものが出てから自醸は厳禁された。

古酒（ふるざけ）

古酒とは新酒が出てきてもまだ残っている去年の酒のこと。ぶどう酒などフランスでは古いほどよいとせられているが、日本酒では古酒を保存するふうが少なく、新酒が出るとたいてい古いのは飲んでしまったものである。日本酒は夏を越すとどうしても酸化しやすかったので、夏前に火入れをした。

猿酒（さるざけ）

サルは秋になると山ブドウ・アケビなどの実をとって、これを岩のくぼみなどにたくわえておく。そこには雨水などがたまって、果汁と水がとけあい、醗酵して味のよい酒ができるという。狩人や木樵などが山中を歩いているとこの猿酒に出あうことがあるそうで、風味のゆたかな美酒であるという。飛驒山中にはこの猿酒がことに多かったといわれているが、はたしてそのような酒があったかどうか。清人屈大均の書いた『広東新語』には瓊州《けいしゅう》にはサルが多く、岩石のくぼみで猿酒を得ることができるとあるが、そうした中国の話が日本に広がったのではなかろうかと南方熊楠翁はいっている。サルの多い地方には一様に猿酒の話が伝えられているので、あるいはそういうものが事実あったのかもわからぬ。

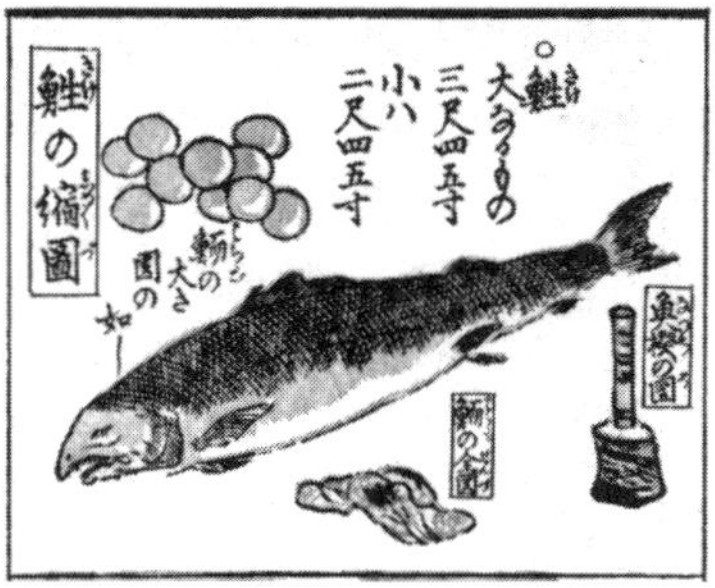

鮭（『北越雪譜』より）

鮭打（さけうち）

昔、新潟地方の諸川は、晩秋サケが産卵するためにたくさん上ってきた。そのなかには三面《みおもて》川のように種川の制度をつくって、上ってくるサケを保護し、一定量のサケをとって受精させ、一定の場所で産卵させる方法もとられていたが、その他では、たいてい自由にとっていた。網を用いてとるものがいちばん多かったが、ヤスで突くこともあった。急流の曲がっているようなところでは、梁杭を流れのなかに並べて打っておく。すると、サケがこれにつきあたり、はねあがって川原におちる。それをさおなどで打ってとった。また浅瀬に網をかけておいて、その網にかかったものを棒で打って殺してとることもある。

冬の風物

刈上祭（かりあげまつり）

十月の亥の日は亥の子といって、昔は大事な日の一つでした。近松の浄瑠璃「心中天の網島」に「おとどしの亥の子にこたつあけて」という文句がありますが、亥の日は十月のうちに二回あることもあり三回あることもあります。そのどの亥の日でもよいのですが、炉びらきといってこたつをあける日になっており、それから以後はこたつに火をいれてもよかったのです。

さて、なぜ亥の日を祝ったのでしょうか。猪は子をたくさん生み、子はまたよく育つので、それにあやかるために、この日を祝うのだといわれていますが、もともとこの日は、稲の刈上祭だったようです。そしてこの日子どもたちは、新米の藁を縄で棒のようにくくり、それで土をたたいてまわって、家々で餅をもらう風習がありました。藁の棒のほかに、まるい石に縄をつけて、それで土を打ってまわることもしました。

大阪から西では、それが十月の亥の日に多かったのですが、長野県地方では十月十日の夜これが行なわれ、「トウカンヤ」といいました。栃木県では、八月や九月の名月の日に行なっている所もあります。

亥の子（『絵本御伽品鏡』より）

さて、長野県地方では、十月十日を「ソメの年とり」ともいい、たんぼにたててあった案山子《かがし》を持ち帰り、土間にかざって、これに枡へ餅を入れて供えます。この地方では案山子のことをソメといいます。ソメは注連縄のシメとおなじことばだと思います。案山子を神さまと考えたのでしょう。事実「ソメの年とり」を「田の神祭」といっているところもあります。ひと夏、田のほとりに立ちつくした案山子は、田の神でもあったわけでしょう。

こうして十月に行なわれている各地のいろいろな祭りは、よく見ると日は違っていても大へん似たところがあり、そしてそれは、いずれも刈上祭の感がふかいのです。

田の神さまは、この祭日に、田から家へ帰って来たと考えられるのですが、東北地方では、家へ帰った田の神は、冬の間は山へいって山の神となり、薪とりや炭やきなどの、山仕事をするのを守ってくださると考えていました。そして春三月になると、山の神は里へおりて来て、今度は田へ出ていって田の神になるといいます。人もよく働いたが神もまたよく働くと人々は考えていました。

亥の子（いのこ）

十月の亥の日には西日本では広く餅をついて祝う風習がある。民間では、その年、田植え・稲刈りなどいろいろの世話になった家へ、餅をくばる風習がある。相手の家からもらってたら、こちらからも同じように持っていくものであった。亥の子餅でしばしば語られるのは、摂津能勢の木代村庄屋門太夫の家から朝廷へ献上したものである。糯米にアズキを加えて蒸し、半つきにしたもので、色は薄紅、長さ約二〇センチ、幅約一二センチ、深さ約六センチの箱に入れたものを初亥と中の亥には一〇〇箱、終わりの亥には八〇箱献上した。亥の子には必ず餅をつかねばならぬものとし、亥の日の夜、子どもたちが家々の前を藁鉄砲や亥の子石で土を打ちながら「亥の子餅つかん者は鬼を生め蛇生め角のはえた子生め」などと唱えてまわった。

目貼（めばり）

冬の寒さや風雪を防ぐために、窓や戸口その他のすきまを紙などで貼ること。古くから行なわれた。

霜除（しもよけ）

霜除けは庭木や草花などに施す防寒施設である。フェニックスのように亜熱帯植物で霜に弱いものは菰で包んで新巻鮭のように縄で巻く。雪の多いところではマツやボタンのようなものには円錐形のおおいをする。そのほか葉のいたみやすい常緑樹に菅笠《すげがさ》形のおおいをすることが多い。最近ではミカン栽培地帯で、ミカンを菰や席でおおうふうが見られる。霜や風の強い所である。また、冬、エンドウなどを栽培する所でも、霜にやられないために畑の上を寒冷紗でテントを張ったようにおおうことがある。新しい霜除けのやり方である。しかし、これに似た方法はそれ以前から園芸家などの間で行なわれたもので、かなり広面積に栽培した観葉植物の周囲と上を葦簀で囲んだ風景を園芸地帯で見かける。天気のよい日は、上の葦簀をとって日光をあてる。

風除（かざよけ）

風除けは冬の寒風を防ぐためにつくる垣をいう。常設されたものもある。北の海に面した漁村に見かけることが多い。丸太棒を縦横に組んだものにタケやアシ・藁などを塀のようにくくりつけておく。それを冬、雪の来るまえにつくる。これは雪囲いの意味もある。風除けは、今までは主として北の方の季節風の強いところでつくられていたものであるが、最近、蔬菜園芸が発達するにつれて、南日本の蔬菜早期栽培地帯では畑の西および北に風除け垣をつくるようになった。また、ミカン栽培地帯でも、西北面に

風垣（茨城県、昭和32年2月）

風垣をつくって冬の風を防ぐことが一般化しつつある。今日では、しだいにスギの生垣に変わりつつある。また東北地方でも籾種の早期播種が行なわれるようになってきて、苗しろの西および北に葦簀の垣をつくっている風景を見かける。最近、風除け垣も、鉄骨を立て、それにビニールの綱を張る様式のものも見られるようになった。不用のときは取りはずしに便利だし、しまっておくにもかさばらないので漸次流行しつつある。このような施設は、園芸を中心にした農村の風景を著しく変えてきた。

虎落笛（もがりぶえ）

「もがる」はもともと反抗するというような意味に使われていたことばで、新潟県・三重県・淡路島などでは意にさからう、反抗する意味のことばとして使っており、福岡県・長崎県では我を張る、いい張る意味に使っている。また壱岐や鹿児島県などでは子どもがだだをこねることをいっている。虎落笛も、もがる音が笛のように聞こえることから名づけたものであろう。寒い風の吹く日、中空に立つ竿などが風に当たってヒューヒューと音をたてる。もがりというのは斜め十字にくくったものをいい、それに当たった風の音がもがり笛だという解釈もあるが、少しいいすぎのようである。もがりは、そんなに方々に見られたものではない。ある事物が風に抵抗して笛のような音をたてれば、すべてもがり笛といったようである。

棕櫚剝ぐ（しゅろはぐ）

シュロは幹の回りに毛苞がついている。普通シュロの皮といっている。この皮についた繊維はとてもじょうぶで、水に浸しても腐りにくいので、縄になって船の綱や網に利用する。古くから棕櫚皮の需要は多かった。シュロはだいたい暖かい地方に多い植物であるが、特に多いのは紀伊半島の南部山地である。皮をはぐのは大和・河内・紀伊北部の山地農民が多く、三人五人群れをなして吉野山中から熊野へかけての山中を渡り歩き、山地にあるものは自由に、里近くの山や畑の畔にあるようなものは持ち主の許可を得て木にのぼって皮をはいでいく。スギの枝打ちと同じように綱一本で幹とからだをくくり合わせてのぼってゆき、鉈で皮をはぐ。またシュロのたくさんある村では、村の者がシュロの皮はぎをする。素人が行なう場合には梯子を用いることが多かった。もとシュロの木はずいぶん多かったが、今ではほとんど枯れてしまって、一村こぞってのシュロの皮は

シュロ

ぎ風景は見られなくなった。なおシュロは綱のほかに蓑や箒をつくるにも用いたし、たわしの原料にもした。

冬耕（とうこう）

冬耕は冬、田畑を耕すことである。田の場合は十一月に稲刈りをすますと、すぐ鋤きおこして土塊を砕き、条をきってムギをまく。そして正月までの間にムギのうねを耕しておく。これを一番中といっている。畑の場合も甘藷を掘ったり、秋アワ・秋ダイズなどをとったあとムギをまき、正月までの間に一番中を耕《う》つ。冬の雑草の茂るのを防ぐためである。こうして正月までの間に行なう中耕が冬耕である。また東北・北陸などの一毛作地帯では、稲刈りのすんだあと田を荒起ししておく風習が古くは見られた。秋田起しとも荒起しともいっている。初冬に行なうものであるが、備中鍬を使ってできるだけ土を大きく起しておくので、たいへん骨の折れる作業であった。昔はたいてい四、五人が結《ゆ》いで行なったものである。正月（陰暦）が来るまでの間にできるだけ起しておくのである。荒起しをした土をじゅうぶん凍らせると土はぼろぼろになり、また土が肥

馬耕（熊本県、昭和35年11月）

えてくると信じられ、春田打ちのとき作業がたいへん楽であった。荒起しはほとんど男が行なったもので、牛馬を使用することもあった。近ごろは冬耕もほとんど行なわれなくなっている。人手不足のためである。

神迎え（かみむかえ）

十月を神無月というのは、神々が出雲へいって留守なので神無月だと信じられている。その神がかえって来るのが、十月三十日かまたは十一月一日であると、また信じられている。但しこのような信仰は出雲に近い西日本に見られるところである。十月には一般に神祭の少ないのも日本中共通した現象である。しかし、家に居るエビス神のような神もあって、エビス講は多く十月に行なわれている。出雲信仰の盛んなところでは神迎えには神社へおこもりする所が多い。

しかし神迎えは本来出雲から帰る神を迎える事ではなく、野山をまもっている神を迎えて饗応するまつりであったと思われる。能登地方ではもと十一月五日に田のほとりへいって田の神を迎えて来て、その家で丁重な神の酒宴をする風があり、これをアエノコトといっているが、その時田の神を迎えて来る行事が田の神迎えであった。田の神を迎える風習は各地にあった。西日本の十月の亥の日をいわう亥の子なども、この日が田の神の家へかえって来る日と信ぜられ、家の前の畑へははいらない事になっていた。また東北地方では田の神をまつると、田の神はそれから山へいって春三月までは山の神になるとも信じられていた。こうした農耕神たちが後にだんだん出雲へあつまると考えられるようになったのは、出雲信仰の拡大が一方にあったからではないかと思われる。

山の神祭

東日本各地では稲刈りのすんだあと、田の神様が山にはいって山の神になるといわれているところが多いが、実は十一月になると農家では山仕事をはじめる。農家の場合は薪《まき》をとるのがおもな仕事であるが、材木業者などもこのころから山にはいって木を伐りはじめる。そこで岐阜県地方では十一月の初寅《はっとら》の日を山の神祭の日にあて、男の子たちが米や銭をもらいあるき、また山の神のほこらのまえに青柴《あおしば》や藁《わら》をつみあげて火をたき、そのあとで宿にあつまってご馳走をたべてわかれる。これをヤマノコといった。

九州地方でも十一月の山の神祭を行なっているところが多いが、熊本や鹿児島では初申《はっさる》、初丑《はつうし》の日が多い。天草島では男女ともに盛大な酒宴をひらく。そのとき豆入りのにぎりめしをたべるが、その中に川の小石をいれておき、それに食いあたると実がはいっているといって喜び、床の間にそなえておくという。福岡県では十二月二十四日をヤマノカミノセンタクといい、この日は山の神が洗濯をするといわれ、一般の人は洗濯をしないことにしていた。十一月と十二月では一月あまりもひらきがあるが、十一月から十二月にかけては山の神をまつる行事は多いのである。実は百姓たちが山仕事をするにつけての山の神をまつったものであろうが、田の神のまつりに比していろいろの物忌みがある。

たとえば十一月七日のヤマノコウ（山の講）には、山にいくと神婆《かみばば》にあうといい、またけがをするともいっている。山仕事には危険のともなうことが多いために、このようないましめもおこったかと思われるが、十一月から三月までは山の神をまつる行事はいろいろあり、正月がまた一つの中心になる。

そして春が来ると山の神は下って田の神になるという。その山の神の石像を大分県山中にはほうぼうに見かけるが、それは一つ目の奇怪な顔である。

七五三の祝

十一月になると、北西風が多くなり、日本海岸ではみぞれがふり、やがて雪になって冬がふかまってきます。東北の冬はわびしいもの。とくにみぞれの降るころはじめじめとして暗く、やりきれない気持になるものです。

そうした日に雪の少ない地方では七五三祝などが行なわれます。七五三は十一月十五日に行なわれていますが、もとは日がきまっていませんでした。そして現在では七歳、五歳、三歳の子どもがお宮へまいって、神主に健康と将来の幸福を祈ってもらうことになっていますが、もともとは七歳、五歳、三歳と、それぞれ別のお祝いの行事であり、三歳と七歳は女の子の祝であったらしいのです。

普通に「帯の祝」というのがこれで、女の子が三歳になると、母方の親が帯をつくって持って来て孫に与えます。それまで女の子は付け紐の着物を着ていますが、このときから帯を結んでもよいことになり、一般の子どものあそびの中に入れてもらえるようになります。また江戸時代には七歳以下で死んだ者は葬式も出してもらえなかったものです。しかしこれらの祝をすますと葬式も行なわれ、位牌にも〇〇童子（童女）と書いてもらえます。

帯の祝（『絵本女中風俗艶鏡』より）

一方男の子は五歳を祝われることが多かったのです。そのときから普通は袴をはくようになるので、「袴着《はかまぎ》の祝」といったものです。そしてこの祝をすれば子ども仲間へはいることができたわけです。子どもたちは子どもたちだけで仲間をつくっていて、五歳または七歳以下の子どもは、子どもの中では一人まえとはみとめず、あそびのときも、見ならいのような形で参加させるだけでした。むかしは、子どもから老人になるまでの間に、いくつかの通過儀礼があって、それを行なうと、それぞれの年齢集団の仲間としてみとめられたのです。たとえば十五歳のとき元服祝をすると若者としてみとめられます。それから女は三十三歳の祝、男は四十二の祝があります。これで中老仲間にはいり、六十一歳の祝で隠居がみとめられます。それから七十、七十七、八十、八十八、とそれぞれ祝があって老人として待遇されるようになります。こうした祝のうち、幼年期の祝を、日をきめて一つにし盛大な行事にしたのは、商人が利益をあげようとして、あとで思いついたものでしょう。

神農祭（しんのうさい）

大阪道修町《どしょうまち》は薬屋の町で知られているが、そこに神農さん（少彦名《すくなひこな》神社）という社があって十一月に祭が行なわれ、張子の虎が縁起物として売り出されるのが名物になっている。神農さんは医者の神様として冬至の日にまつるのが普通で、昔の医者の家では小豆餅、赤豆飯をたいて酒肴をととのえて知人親戚をまねいて御馳走した。元来神農は中国の黄帝岐伯を八月一日にまつったものであるが、日本では一月八日に神農をまつる風が何時の頃からかあった。ところが、江戸時代に入って日本では医神を大己貴命《おおなむちのみこと》と少彦名命としてまつり、祭日も冬至になった。少彦名命はまた酒の神としても尊信されている。

大根洗う

採り入れたダイコンはまず漬け物にする。またつり干しや切り干しにすることもある。漬け物にするダイコンは畑から抜いてくると流れのほとりに運んで、一本一本をたわしや藁などできれいに洗う。水の冷たいときなので女にとっては一苦労である。

菜洗う

ちょうどダイコン洗いのころ、漬け菜もとって洗う。漬け菜にするのはハクサイ・クロナなどが多く、少し遅れて、シャクシナ・タカナなどがある。菜はダイコンと違って洗うのに時間がかかる。葉柄と葉柄の間にはいっている土を洗い落とさねばならぬし、根も切り落とさね

菜を洗う（長野県南安曇郡、昭和40年11月）

大根を洗う（『漬物早指南』より）

ばならぬ。たいてい流れのほとりで洗う。洗った菜は多く漬け物とし、また市場へも出す。

新干大根（しんぼしだいこん）

新干し大根はその年とって新しく干した半干しの大根である。漬け物やつり干しにすることもある。水分がかなり少なくなり、逆に甘みが出てくる。秋田地方ではこの新干し大根を藁で包み蓙《ござ》などで巻いたものを、家の入り口などにおいて出入りの人の踏むにまかせる。こうすると柔らかく、またねばりが出てくるという。こうして数日、人の足で踏み、蓙から取り出し、塩と米こうじを混ぜて桶につけておき、四、五日以上おいて出し、鉈で切って食膳にのせる。新づけとして味のよいものである。そのほか新干し大根に薄く塩をして、二、三日おいて食べることもある。歯切れがよく、まだ多少辛みもあって喜ばれる。新干し大根は凍結の来ないうちに家の中に取り入れる。干し大根は浅漬け、沢庵漬けのほか、凍干《しみぼ》しにして長く保存し、冬のあいだ煮もの用とする。

大根菜を干す（長野県南安曇郡、昭和40年11月）

大根干す

ダイコンは古くは東京練馬付近、尾張（愛知県）宮重《みやしげ》などで多く作った。練馬ダイコンは土深くはいりこんで生長するので、色も白くまたきめがこまやかで漬け物に適した。宮重ダイコンはダイコンの半分ほどが地上に出て、その部分が青くなるので青首ダイコンともいった。甘みが多いので切り干しに適した。以上のほかに、徳島地方でも漬け物ダイコンを作ったし、神奈川県三浦半島も練馬に代わってダイコンの名所になった。また宮崎県宮崎地方もダイコンの産地として知られる。これらの地方ではダイコンの取り入れがすむと、稲架とおなじように丸太・竹ざおなどを棒杭に横に何段もくくりつけ、それにダイコンの葉の部分をわらでくくって振り分けにして干す。一〇日あまり干しておくと、しなびて細くなる。またダイコンが大きい場合には初めから葉を切り落とし、縄でダイコンを

大根を干す（福井県大野市、昭和16年10月）

梯子《はしご》のようにくくって干す。まだダイコンがじゅうぶんかわかぬうちに凍ると、中にスがはいるので氷の張らぬ間に干しあげてしまわねばならぬ。青首ダイコン地帯では漬け物につけることもあるが、切り干しにすることが多い。

切干（きりぼし）

ダイコンは漬け物にするだけでなく、干して保存もする。つり干しにすることもあるが、輪切りにしたり、千切りにしたりする。むしろや簀の上に広げて干す。またダイコンをしっぽのところだけつけて、縦に四つに割って干すこともある。割干しといっている。このほうは綱を張っておいて、それにかけることが多い。

切り干しといえばダイコンに限られているように思うが、サツマイモも切り干しにする。サツマイモを四斗樽などできれいに洗って、それを薄く切ってむしろや簀に干したり、わらを通して数珠つなぎにしてつりさげることもある。じゅうぶんかわくと、かますなどに入れて売る。でんぷんの原料にする。九州地方ではサツマイモをたくさん作るので、サツマイモ栽培地帯では村じゅうで切り干し芋を干している風景を見る。

沢庵漬（たくあんづけ）

米糠と塩でつけたダイコンを沢庵漬けといっている。『耳嚢』（根岸鎮衛・江戸中期）に「世に沢庵漬と申すことは、東海寺にては貯漬と唱え来り候由。大猷院様、品川御成にて東海寺にて御膳召上られ候節、何ぞ珍敷もの献じ候様、御好みの折柄、禅刹何も珍物之無、たくはへ漬の香の物ありとて、香の物を沢庵より献じければ、貯漬にてはなし、沢庵なりとの上意にて、殊の外御賞美ありしゆゑ、当時東海寺の代官役をなしける橋本安左衛門が先祖、日々御城台所へ、香の物を、青貝にて粗末なる塗の重箱に入れて持参、相調へけるよし」とある。沢庵は但馬（兵庫県）の生まれで名を宗彭《そうほう》といい、東海寺をひらき正保二年（一六四五）九月没。墓は円石で、沢庵漬けの重石に似ていると世人はうわさしたが無縫塔である。沢庵漬けは、一説には沢庵が始めたものではないともいわれている。

沢庵漬け（『尾張名所図会』より）

沢庵漬けは四斗樽につけるのが普通で、それには糠と塩を合わせて二斗用意し、塩三升の場合は糠を一斗七升にする。そして塩三升の場合を三升塩、四升の場合を四升塩という。塩の少ないものは味が甘いが早くすっぱくなるので早く食べる。塩の多いものは翌年までたくわえておく。ダイコンをひととおり並べると、その上に塩と糠をふりかけ、さらに、その上にダイコンを並べ、ダイコンがほぼいっぱいになると干し菜を敷き並べ、蓋をして重石の石を置く。長く保存するものほど大きい石を置く。なお、ダイコンの甘みを出すためにカキの皮を粉にしたものを入れることがある。

焼芋

甘藷が日本に伝来したのは天和元年（一六一五）であったが、江戸で作られるようになったのは享保二十年（一七三五）であった。江戸で焼き芋が名物になってくるのは、それからのちのことである。焼き芋にするのは粉質性の芋がよい。クリに近い味であったからクリを九里にもじって八里半、あるいはクリよ

石焼芋の屋台車（東京都、昭和33年10月）

り（九里四里）うまいというので十三里などともいった。東京では明治にはいると多くの焼き芋屋ができ、小さい屋台車をひいて、夜間町を売り歩いた。屋台車の中に釜をすえ、中に小石を入れ、小石の中に芋を丸のまま入れて焼いたものが多い。ただし、石焼きは近ごろの流行で、もとはつぼの中へ芋を入れ蒸し焼きにする壺焼きが多かった。また関西では芋の皮をむいて一定の厚さに切り、これに塩とゴマをふりかけて鉄板で焼くふうが見られた。いずれも屋台で庶民を相手に売ったのが特色である。

これとは別に、大阪ではすし屋・餅屋の前などでふかし芋を売っていることがある。また、たき火をして、その火の熱灰の中へ突き込んでおいて焼く焼き芋もある。菓子が豊富に出現するまでは、イモは子どもにとっては重要な間食の一つであった。

乾鮭（からざけ・ほしざけ）

北海道および青森・秋田両県などではサケを塩引きにして保存するばかりでなく、もとは干し鮭にして保存した。家の軒下などに縄を張り、サケにかぎらず魚がとれるとひらきにし、縄にさげて干すことがあり、大きいサケのたくさんとれたときは屋根にもひろげた。この地方で塩が得にくいためであったといわれるが、青森・秋田両県下では自家製塩も盛んに行なわれていたから、必ずしもそうではない。むしろ魚肉を常食にしていたときのなごりであろう。サケにかぎらず、フカ・タラ・ニシンなどもすべて割って縄や横木にかけて干し、食べるときには槌で打って柔らかくして火にあぶったり、煮て食べたりした。最近は、サケは塩をしないで干すことは少なくなった。

塩鮭（しおざけ）

今サケはたいへん少なくなったが、もとは日本海岸は能登半島以北、太平洋岸は遠江（静岡県の一部）あたり以北でたくさんとれた。北海道地方ではアキアジといった。『東鑑』文治六年十月十三日の条に、遠江菊川の宿で佐々木三郎盛綱がサケの楚割《そわり》（塩引き）を小刀で削り食したところ、たいへんうまかったので、さっそく折敷にのせ小刀をそえて自分のむすこに持たせて頼朝の宿へ贈り届け、「実にうまいから早く召し上がりなさるがよかろう」といった話が出ている。塩引きはまず腹を割ってわたを出し、薄塩をして菰に巻き、その上に縄を巻きつけた荒巻と、塩を濃くした塩鮭があった。塩鮭は腹をひらいたものを塩蔵場の板囲いの中に積み重ねておき、ときどき積みかえる。すると、その間に塩が魚の肉質の間にはいり込み、遂に水がぬけて二〇日あまりすると平たくなった塩鮭ができる。塩加減は早く食べるか長く保存するかで違う。現在サケの多くとれているのは岩手、北海道の河川で、主として網でとり、最近は薫製もみられる。

塩鰹（しおがつお）

カツオは夏とれるが、これに塩をひいて塩鰹にしてたくわえておく風習がもと伊豆地方にあった。塩鮭とおなじように正月肴にした。また掛け魚〔懸魚《かけざかな》・懸《かけ》の魚《いお》〕にもカツオをつかった。掛け魚というのは魚に注連をつけて神前につるものである。それを二日の乗り初めの日に細かく切って船へ持っていき、船玉様に御神酒とともに供え、その年の豊漁を祈ったあと、周囲へまいた。掛け魚の風習は西日本にひろく残っており、魚種はブリとタイが多く、伊豆西海岸ではカツオも使用していた。

塩鰤（しおぶり）

西日本では正月肴としてブリ・サバ・タイを使う。なかでもブリが最も多く、サバは貧しい者の正月肴になった。西九州へは五島ブリが、瀬戸内海地方へは壱岐・対馬のブリがもたらされた。京都から中部山中へかけては能登・越中のブリが送られた。能登・越中はブリの最も多い所で、台網という定置網でとった。冬、寒風が吹いて、しかも空の晴れた冷たい日にブリがよくとれる。たいてい旧正月前である。とれるとすぐ腹を割ってわたを出し、サケと同じように薄塩をしたものは荒巻をつくった。これは、身分の高い武士や富豪が買った。次には普通の塩引きをつくる。これは何尾か菰に包んで遠方に送る。越中でとれたものは神通川をさかのぼり、飛騨にもたらされた。飛騨では越中ぶりといったが、飛騨からさらに日本アルプスを越えて長野県松本地方へまで運んだ。松本地方ではこれを飛騨ぶりといった。塩加減がきいてうまかったという。能登ぶりは陸路を越前から近江、さらに京都へも運ばれている。

対馬・壱岐などでとれるブリは釣ったものが多く、漁船の胴の間に腹を割って塩をしたブリを詰め、船いっぱいになると博多まで来て陸上げしたが、なかには瀬戸内海の島々を売り歩いた者もある。ブリを買うと家の入り口をはいった土間の一隅に丸太を横につり、それに野菜や昆布などといっしょに掛け、正月の間にその肉を少しずつ切っては食べ、二十日の日までに骨と頭だけ残して食べてしまう。そして二十日にはその頭と骨を入れた汁をたいて家内一同で食べ、正月肴の始末をした。この日を「骨正月」といった。この風習はひろく四国・九州地方にも見られる。大阪付近では塩ぶりを棹にかけず、台所の神棚の下などに掛けておいて少しずつ切って正月のあいだ食べた。

鰤追網（『日本山海名産図会』より）

猟人（かりうど）

猟人は猟をする人のことである。東北地方ではマタギといっている。それが一つの村をつくって住んでいるところもある。東北地方ではクマをとるのがおもな目的で、熊胆《くまのい》が高価に売れるからである。中部以西ではイノシシを狩ることが多かった。イノシシは農作物を荒らすので害獣として狩りをした。イノシシを狩る場合にはおおぜいで出かけることもあったが、その通路で待っておればイヌを使うだけでも狩りをすることができた。また狩りを主にして生活をたてることもむずかしかったので、山村ではたいていー村に一人ぐらいの猟人がいて、百姓のかたわら狩りをしていた。猟人のことを殺生人ともいった。東北地方のマタギはクマを狩るばかりでなく、夏になると川魚をとって歩いたり、また鵜飼いも行なっている。青森県下北半島の畑のマタギは昔は、丸木舟をつくるのを余業にしていた。西日本では鳥猟なども行なっている。猟人は獣を鉄砲で撃つだけでなく、槍を使ったり、また罠を使う。イノシシなど、その通路に大きな落とし穴を掘り、その底に青竹をそいで先をとがらせたものを立て並べておく。しかしこのように職業的な猟人はずっと減って、明治・大正以来は遊猟が多くなり、カモ・キジ・ヤマドリなどの野鳥を撃つものが多い。最近は女の狩猟家も多く現われ、山だけでなく海鳥を撃つために海へ出かけるものもふえて来た。

夜興引・夜引（よこびき・よびき）

冬の夜、獣猟のためにイヌをひいて山中にはいることを夜興引きという。『滑稽雑談』では、冬は肉がうまいからとるとあるが、むしろ毛皮をとるのが目的であった。冬とったものは毛が抜けにくいが、春になると抜けやすい。そこで雪の降っているとき山へ出かけていって、小屋掛けして猟をする。下北半島の畑では、たいてい一人か二人で組んでゆき、とるものはクマ・バンドリ・テン・イタチ・カモシカなどであった。バンドリはムササビのことで、夜猟が多かった。ムササビは穴の中にはいっているので、イヌを連れていくとほえるからすぐわかり、一晩に一二、三羽はとれたという。山に何日かこもっていて、食糧がなくなるともどって来る。山に何日こもっていても、はいって出て来るまでを一夜《ひとよ》といい、その間の獲物を一夜の猟といった。

なお、山中の猟とちがって海には夜引きというのがあった。秋、稲刈りがすんでから旧正月までの間に、昔は夜間カタクチイワシがとれた。西瀬戸内海から九州北岸に多く見られた。今はほとんど行なわれない。夜あけ近くまで網で引いてとるのである。夜イワシのとれるのは瀬戸内海地方ではこの時期に限られていた。夜興引きということばは、この夜引きに関係があるかと思われる。山中の狩りは必ずしも夜のみ行なわれるものではなく、海猟の夜引きからの連想がこのことばを生んだのではあるまいか。

熊突（くまつき）

クマは冬になると穴を見つけて冬ごもりする。毎年クマのはいる穴はきまっている。クマは冬期は木の皮をはいでその汁を吸うので、木の皮がむかれていればその近くに熊穴のあることがわかる。穴にイヌをけしかけてクマを追い出し、昔は槍で突いてとることが多かった。クマをとるのは、熊胆をとるのがおもな目的であった。クマを穴から追い出すのに穴の口でトウガラシやたばこをいぶし、その煙を穴の中に吹き込むこともある。青森県下北半島の山中にはクマの穴が何千というほどあって、マタギ（狩人）たちの間でその持ち穴の縄張りがほぼきまっていたという。

猪狩（ししがり）

昔は何十何百というほどのイノシシが群れをなして山中を横行したものである。享保十年（一七二五）三月二十七日に将軍徳川吉宗が小金ケ原（千葉県）で行なった猪狩りの記録によると、イノシシ・シ

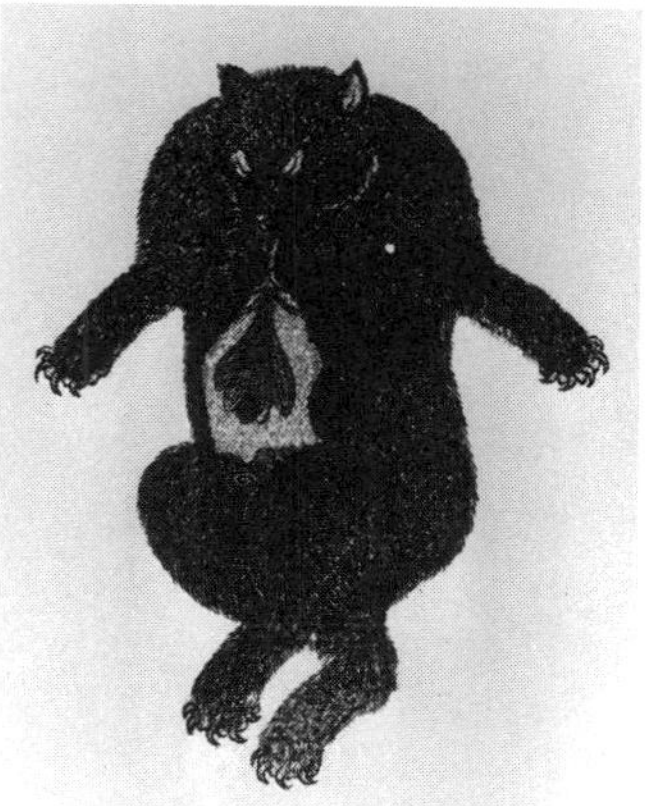

熊胆の所在を示す図（『熊志』より）

カをいけどり突きとめたもの数を知らず、およそ六、七〇〇頭はあったと思う。そのほか山谷で手負いになったイノシシをあわせると一〇〇〇頭ほどもいた。御鷹方三二人で突きとめたものが六頭、そのほか突き捨て、いけどり捨てにしたものが六、七頭、網にかかっていたイノシシを放し捨てたのが六、七〇〇、網の外にいたのが一〇〇〇頭ほど、とある。一か所にじょうぶな網を張っておいて、そこへ追い込んで突きとったのである。これほど多くなくてもイノシシはどこにもいたもので、雪の降るころになると食うものがなくなるので、里へ出て来る。そこで村人たちが仲間を組んでイノシシのいる山へ出かけてゆき、イヌをけしかけてイノシシを穴から追い出し、それを鉄砲で撃ち取った。また、一人でイノシシを撃ちにゆくこともある。イノシシはその通路がきまっているので、通路で鉄砲を持って待ちかまえており、一方イヌにイノシシを追い出させる。そして通路へ出て来たところを撃ちとる。この方法をマチウチといった。イノシシは肉を食べ皮をとるのが目的で、皮で靴を作った。

兎狩（うさぎがり）

ウサギはもと山野に多く、畑の作物を荒らし、また木の皮をはいで木を枯らすことが多かった。特にスギ造林地帯では植えたばかりのスギをかじっ

イノシシを追う唐イヌ（「江戸図屏風」より）

て枯らすことが多く、年々相当の被害をみている。そうした被害は冬、食物のなくなったとき見られる。そこでウサギの多い地方では冬になるとよく兎狩りをする。山裾や谷の口に網を張り、上方からおおぜいのものが横隊を作って、手に棒切れなどを持ち、声をたてて穴や木の洞にかくれているウサギを追い出す。ウサギは追われて網にかかり、なんなく捕えられる。昔は学校や青年団などでよく行なったが、今はあまり見かけなくなった。現在では専門の猟師がイヌを連れて狩りに出かけていく。イヌはウサギを穴から追い出し、たいていはかみついて殺すが、狩人が鉄砲で撃つこともある。

タヌキ（光琳『鳥獣写生帖』より）

狸罠（たぬきわな）

タヌキは畑の作物をよく荒らした。山中の傾斜面に穴をあけ、入り口と出口を作ってすむ。タヌキを捕らえるには、その一方の口のところで青松葉などをいぶして煙を送りこみ、一方の口から逃げ出して来るところをたたき殺した。タヌキの穴を見つけるにはタヌキの糞を捜す。「タヌキのため糞」といってタヌキは一カ所に糞をする習性を持っている。またタヌキの通路はシカやイノシシのようにほぼきまっているので、その通路に罠を仕掛けておく。鼬罠と同じような箱罠を利用してとることもある。またタヌキが畑など荒らさぬようにおどしを仕掛けておくこともあった。おどしには弓など張っておくのがよく、またタヌキの毛などいぶすと、そのにおいでタヌキが来ないともいわれていた。キツネ・イタチなどに比べていちばん動作がのろく、追いつめられると、ときに死んだフリをするので、容易に捕えられた。

狐罠（きつねわな）

キツネはイタチに似て、冬になると出て来てよくニワトリをとる。昼間はたいてい穴の中に隠れすんでいる。明治以前はキツネはずいぶん多かったもので、鳴き声は雄はコンコンといい、雌はギャア、ギャアという。その鳴き方によって災害の近いことを知ることができるといい、キツネの鳴き声を気にする者は多かった。そのほかキツネは人を化かすとか人につくとかいって、人間とは深い関係をもち、また気味悪がられていた。たいていは、はじき罠を使って捕える。餌の載せられた板に足をかけると、バネがはじけて足をはさむようにできている。また餌のなかに火薬を仕掛けておき、キツネが餌をかむと爆発するようにしてある。狐罠に残酷なものが多いのは、キツネはずるくて少々の罠ならば破って逃げてしまうと信じられていたからである。なお明治の初めごろまでは狐釣りも見られた。ネズミなどを油であげたものに釣り針をさしこみ、魚を釣るのと同じやり方でキツネを釣るのである。大阪府の和泉地方では、ときおり見かけたという。

鼬罠（いたちわな）

イタチは穴のなかに住み、夜出て来て池の魚をとったり、ニワトリをとったりする。その被害は稲刈りのすんだころから目だって多くなる。罠は竹筒を用いるが多くは箱罠である。縦横約三〇センチ、長さ約六〇センチほどの長方形の箱の中央に鳥居形の提げ手をつけ、箱の一端には入り口があり、上からふたが落ちるようにしてある。ふたは提げ手を支点にした天秤の一端でつりあげられており、他の一端は紐の先に餌のついたものが箱のなかにつりさげられ、イタチが箱のなかにはいって餌にくいつくと、そのはずみで天秤でつられているふたが落ちて入り口をふさぐようになっている。イタチは小溝を多く通路として移動するので、罠はたいてい溝のなかへかけておく。イタチが罠にかかると、すぐ罠を水のなかへつけて殺した。手でつかまえたりするとおそろしく臭い屁をする。イタチの最後っ

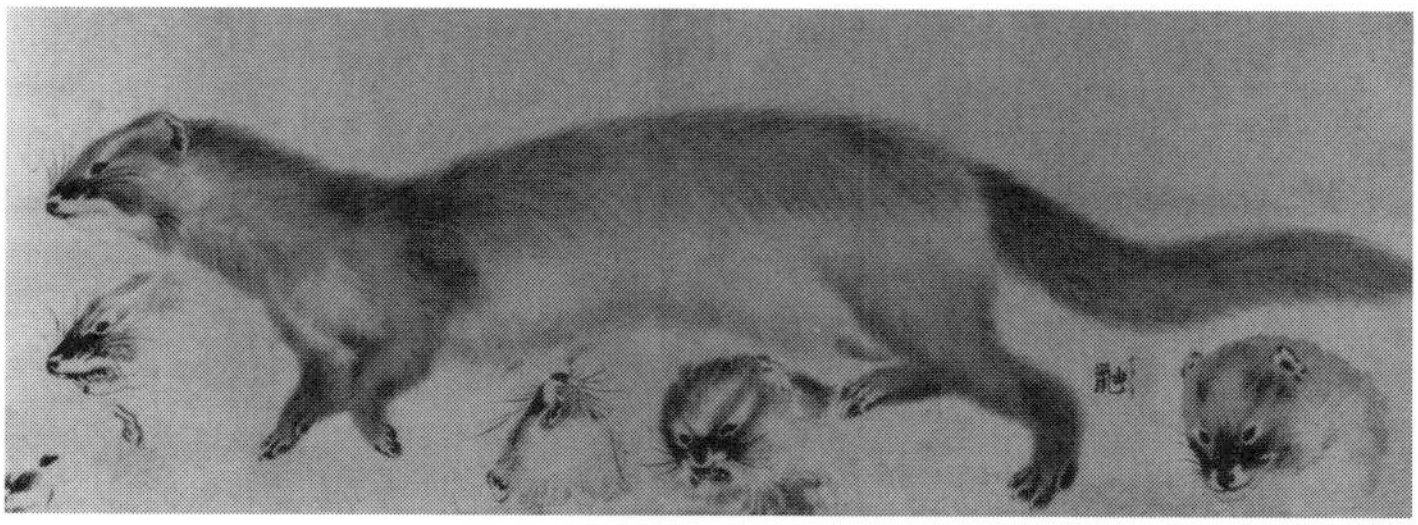

イタチ（円山応挙「鼬の図」より）

屁といった。最近はその毛皮が高価をよんでいる。

千鳥打（ちどりうち）

昔は、かすみ網などでずいぶん小鳥をとった。鳥も多かった。千鳥もかすみ網でとられることがあったが、むしろ投網でとられた。千鳥は川口の洲などに多く群れているため、夕ぐれにアシのかげなどにかくれていて投網を投げかける。また、大きなたも網を持っていって伏せてとることもあった。

鳥柴（としば・とりしば）

鳥柴は鳥をつける柴のこと。鳥を木の枝につけて家の前にたてたり、また人に贈ったりしたものであった。そのさまは絵巻物のなかにも見え、『粉河寺縁起絵』の河内国長者の家へ貢納物を持って来たなかに、キジと思われる鳥を木の枝につけて、一人の男がささげ持っている様が描かれている。鳥はこれをとるとそのままの形を木にくくって、ちょうど木に

鳥柴（『粉河寺縁起』より）

とまっているようにして贈ったもののようである。これにはいろいろの故実があったことが『倭訓栞』などに見え、これをもらったほうでは枝からはずして、料理するまではそのまま俎板の上においた。そのさまは『石山寺縁起絵』に見えている。鳥はその羽色などの美しさを賞美するために、それを食べる以前に特別の取り扱いがなされたのである。

枝打（えだうち）

普通枝打ちというのはスギやヒノキの造林を行なった際、二〇年以上たってから下枝を切り落とす作業である。吉野山中でまず起こり、山城の北山林業地帯でも古くから盛んであった。現在では造林地に広く行なわれるようになった。枝打ちをすると幹が下から上までほぼ同じような大きさで生長し、すらっとした木に育っていく。いま一つは枝をそのまま残しておくと、節が幹のなかにのこるが、枝打ちをすると消えていく。だからよい材木をつくるためにはどうしても枝打ちをしなければならない。枝打ちは木の小さいときは棹の先に鎌をつけ、それを枝にかけて枝を落としていくが、木が大きくなるとのぼって鉈で切り落とす。たいへんむずかしい作業で、綱一本を巧みに使って、綱を胴にまいて幹にくくり、上へ上へと枝をおろしていく。一本の木を終われば次の木へ上っていく。なお枯れ木おろしというのはこれと少し違う。多くはマツの木で、マツの下枝の枯れたのを棹の先に鎌をつけたものでおろすか、または木にのぼって鉈で切るまでは同じだが、この枯れ枝は薪にするためにおろすもので、明治の終わりごろまでは、その木がだれの所有であっても、枯れ枝はかってにとってよかった。冬になると山林を持たぬ百姓たちが、マツの枯れ枝をおろしにいった。

丸太曳（まるたひき）

スギ・ヒノキの伐採は多く冬期に行なわれる。一ヶ所を広く伐採したときなどは丸太を伐採地のいちばん低い所までおろし、その丸太を並べてなかに少しくぼみをつけ、そこを丸太を鳶口でひきながら川のあるところへ落としていく。この木を運ぶための木組みをしゅらといっている。伐採面積がそれほど広くないときには、川のそばまで小道をつくり、その道に横に小さい丸太や割り木を二尺ぐらいにおき、杭でとめる。桟木ともがんぎともいっている。丸太を木馬（橇）にのせてくくり、桟木の上をひいていく。木馬曳きとも丸太曳きともいっている。人間が二人がかりでひいていくことが多いが、牛馬にひかせる

杉の伐採（静岡県、昭和34年7月）

こともある。また山中で大木など切り倒したとき丸太の一端に鉄輪のついた楔《くさび》を打ち込み、鉄輪に綱をつけウシにひかせて出すことがある。古く肥後の球磨山中などで多く見られた。

網代（あじろ）

網代のことは『万葉集』巻三の柿本人麿のうたにも見えている。(註)多分この網代であろう。後宇多天皇の弘安七年（一二八四）に停止せられたのであるが、その絵が『石山寺縁起』の中に描かれている。網代木というのは簗《やな》の袖として立てならべた木のようで、これをとりこわしている人のさまが描かれている。瀬田川、宇治川にはこうした網代がたくさんしかけてあったものと見えて、『源氏物語』「橋姫」にも「あじろは人さはがしげなり、されど氷魚もよらぬにやあらん」とある。『倭訓栞』には「冬川に氷魚をとらんとて、百千の杭を網引形にうち、その木にたてぬきを入れて、其はてに簀をあて、置也、よこあじろ木とも、あじろ人とも、あじ

網代（『石山寺縁起』より）

ろの床とも歌によめり」とある。

しかし網代は川にあるもののみでなく、海で網をひく場所をも網代といっている。そしてこの網代の方が一般に通用してひろく行なわれているのであるが、大して詩歌の対象にはならなかった。

〔註　もののふの八十宇治河の網代木にいさよふ波の行方知らずも（『万葉集』巻三─二六四）〕

榾（ほだ）

『飛州考』に「本土常用ノ薪也、柴─柴木ト云ヒ穂枝《ホエ》ト云フ、又穂木トモ云ヘリ、凡テ枝葉トモニ用ル小木也、他州ニテ麁朶《ソダ》ト云フニ同ジ、薪─木呂《コロ》ト云ヒ、榾ト云フ、又春木ト云ヘリ、共ニ総名真木《マキ》ト称ス、其木呂ト榾ハ太ク短ク作ル、春木ハ細ク長シ」とある。榾は大きな木で、通常そのままいろりにくべる。一日でもえきる事はなくて、何日ももえつづける。夜になると、灰または籾がらをかけておくと火はきえないで朝まで保つ。これを火止めといった。朝になって榾をほりおこし、ホエなどそえて火を吹きつけてもしつける。こうして一年中火をたやさない家がもとは旧家の中にいくつもあった。それが正月の七日間だけ榾をもやすようになった地方がある。南方に多く、鹿児島県大隅地方ではこれを年木といっている。また大和北山地方ではセチボタといった。セチボタを山から持ってかえるとき途中休んではならないといわれ大事にとりあつかっている。

乙子の朔日と事はじめ（おとごのついたちとことはじめ）

十二月一日を「乙子（末っ子）の朔日」といいます。一月の「太郎の朔日」に対して、その年の最後の朔日なので「乙子の朔日」といったのでしょう。そして土地によってはこの日を末子のための祝い日としました。日本には西洋のように、誕生日を祝うことは少なかったのですが、そのかわり一年のうちに日を定めて、いっせいにお祝いしたのです。乙子の朔日もその一つです。滋賀県地方ではこの日、末子として生まれたものは、裏白で作った花笠をかぶり、「乙子の朔日」ととなえて家々をまわり、米や麦をもらったそうです。家々では赤飯や餅をついて子どものためにごちそうしました。

この日をカワビタリツイタチとよぶところもあります。朝、カラスのなかぬ間におきて茄子の漬物をたべると、水難をまぬかれると兵庫地方ではいっていますが、この日に川へおちると生命にかかわるというい い伝えも各地にあります。東京の八王子地方では、子どもは朝、川にいって尻を水につける風習がありました。こうすれば川へおちても生命に別状はないというわけですが、さてそのあと、牡丹餅を橋にそなえ、その餅をたべてからでないと橋を渡ってはいけないといっています。これに似た俗信やいい伝えは日本中いたる所にありますが、もともとこの月は水神さまをまつる月だったのだと考えられます。そして川へ落ちてはならぬとか、橋を渡ってはならぬというのは、水の神さまをまつるときの物忌だったのでしょう。

十二月はまた正月を迎えるための行事やら、仕事の終わりを祝う行事もたくさんあります。おもしろいことは、十二月八日を「オサメ八日」という地方があり、反対に「事はじめ」といっている地方もあります。両方ともいい分がたつのです。「オサメ八日」というのは、一年中の仕事を一応終えたという意味であり、「事はじめ」というのは、正月の行事のはじめだというわけです。

十二月は一年の終わりではありますが、正月のまえでもあり、その準備のために、たきぎとり、すすはきなどいろいろの行事があったし、一方、針供養のように、一年中に折れた針をあつめておいて淡島さまにおさめて感謝するような行事もあり、過去の反省と新しいものを迎えるための準備に一年が終わるのです。

水まつり

年中行事の中には、それが形をかえつつ一般の生活の中にのこっていくものもあれば、いつの間にかきえていくものもある。

十二月一日のカワビタリノツイタチなども、きえてゆきつつあるものの一つだ。私の子供のころには、この日、祖父や祖母から「今日は川へおちぬように気をつけねばならぬ」と注意されたものである。川におちると河童《かっぱ》に命をとられるとか、若死にするとかいわれたものだが、旅をするようになって各地できいて見ると、その分布のひろいのにおどろいた。こうしたいい伝えのほとんど見あたらないのは、青森・岩手地方で、宮城から南にはある。もし川におちてもわざわいが身にふりかからないようにするには、朝カラスのなかぬうちに餅《もち》をつくってたべるとよいといい、この餅を北九州ではカワワタリモチ（川渡り餅）というところが多く、中国地方ではヒザヌリモチというところが少なくない。これはつまずかないように餅を膝《ひざ》の上にのせた後たべるからだというが、岡山県では餅ではなく、ご飯を膝にぬり、単にヒザヌリといったという。

これだけでは何のために餅をついたか意味がよくわからぬが、茨城県下では餅をついて川に投げる風習があり、これは河童にそなえるものでカワビタシといっている。また同じ地方では子供たちだけが川へ行って尻を水にひたして来るという。河童はもともと水の精霊と考えられていたものであり、この祭が水神祭であったことがうかがわれ、子供が尻を川につけるのも禊《みそ》ぎの心があったのであろう。

水神の祭りは六月にも行なわれた。六月の水神祭は十五日に行なうところが多いし、西日本では五月の晦日《みそか》に行なうところもあった。百姓が牛をひいて海にゆき、潮をあびせたものであるが、子供が海へはいると河童にひかれるといっていた。二つの水神に行事の差は見られるが、水の持つ霊威や恩恵に対して、水道使用以前の人たちは今より敏感でつつましかった。

すす男（すすおとこ）

十二月十三日は戦前までは正月はじめといって、この日にすすはきをしていた家が少なくなかった。一年中のすすをはらいおとして、新しい年を迎える準備にこの日からとりかかる。薪《まき》をたいていた時代には家の中によくすすがたまったものである。

ところで興味のふかいのは、すすはきほうきの処分である。この箒は竹のさきに藁をつけたものが多い。これをすすはきがすんでもすてないで、秋田あたりでは戸外の雪の上に立てておき、正月になると、そのまわりにやなぎの枝を立てならべて縄《なわ》をはり、槌《つち》をぶらさげ鳥を追うまじないにする。おなじ秋田県鹿角《かづの》郡ではこのさおをスズボンデンとよび、二本作って、正月に堆肥《たいひ》を畑にひき出したとき、その上に立て、しめ縄を張って、正月十五日にその下で田植のまねをして豊作を祈るという。

新潟県ではこの竹をススオトコ（すす男）といい、戸外に立てておいて灯明をあげたりお膳をそなえたりして、正月のたきつけにするという。北九州では藁の部分だけをさおからはずして荒神棚にあげておき、翌年のすすはきで新しいのができると海にながすという。この藁の形がえびに似ているので壱岐ではエビガネといい、海にながすのは豊漁のまじないのためといっている。福岡県遠賀地方では、この藁で田植の苗をゆわえると、豊作になるともいわれている。

このように見て来ると、すすはきの箒は単なる道具ではなく災厄をはらい幸をまねくための祭具であったことがわかる。形は粗末でも、神のまえに立てられている御幣とおなじようなものであった。同時にすすはきは、ただ家のすすをはらうだけではなくて、家の中にたまっているわざわいをはらう行事でもあった。そして一切がきよめられた家で正月を迎えたのである。

斧仕舞（おのじまい）

斧は一般には手斧《ちょうな》（関東）またはちょんな（関西）と呼ばれている。したがって斧仕舞いは手斧仕舞いといわれている。手斧は主として山仕事に使われる。山仕事は冬期多く行なわれ、年の暮れまで使用されることが多い。しかし正月には手斧を休ませなければならないとして、年の暮れの晦日の仕事仕舞いの日には道具を道具置き場にそれぞれ整頓して、二日または四日の初山入りの日までは道具休めをする。その間はいっさい手斧を使わない。大晦日の晩には手斧に注連飾りをさげ、灯明をともし、神酒をそなえる家もある。杣仕事を専門にやっている家では、家にまつった山の神の前に斧を供えておく例も見られる。また山中で伐木などのために集団で働いていた者が、年の暮れになって作業をやめて山を下って来るときも、手斧仕舞いといって山の神に神酒や御飯など供え、酒を飲んで仕事納めの祝いをする。

厄落し（やくおとし）

節分または大晦日に厄落しをする例は各地にある。男女ともに厄年というのがあって、男は二十五歳、四十二歳などがあり、女には十九、三十三の厄が知られている。その年は何か身に災厄がふりかかって来るものと信ぜられ、神社でお祓いをしてもらったり、また厄落しのまじないをする事があり、女の三十三、男の四十二には厄祝といって盛大な祝をする所も多い。大阪以西では四十二の祝を初老の祝としているところも多い。また厄年に生れた息子には災厄がかかりやすいといわれ、捨て子して拾ってもらう習慣も各地にあった。そうした子供には名に捨をつけるとか、塞の神のところで拾ってもらうので才をつけるとか、命名にも慣習のある地方が少なくない。

しかし元来は厄年は役年であったらしい。伊勢の荒木田氏の文書などには役年の字を見かける。つまり神役をつとめる年なのである。一つの通過儀礼として、人の一生のうちに神役をつとめねばならぬ年があり、その年はつつしみを深くしていたものであろう。但し役をつとめなければならない年齢に生命的な危険をみとめていた歴史も古いのであるが、それは記録の上から見ると、

八十歳　『宗長日記』　大永六年（一五二六）

七十三歳　『台記』　久安六年（一一五〇、『水鏡』）

四十九歳　『大友興廃記』　天正六年（一五七八）

『朝野群載』　康和三年（一一〇一）

三十七歳　『源氏物語』

などがあり、四十二歳も含まれており、これに二十歳以下の厄年を加えるとさらに多くの厄年があった事になる。『拾介抄』には九十九、八十五、六十一、四十九、三十七、二十五、十三がしるされている。そのうち四十二が「死に」に通じ、三十三が「散々」に通ずるという語呂合せからいつまでも重視せられたのはわかるとして、それ以外の年については物忌しなければならなかった理由はあきらかでない。

お歳暮（おせいぼ）

十二月になると、急に年の瀬がおしせまった思いに、あわただしい日々がすぎる。一年中のしめくくり、また、新しい年の準備もしなければならない。そうした中にあって、心にとまるような行事がいくつかある。

セチギなどは、その一つである。周防大島ではセチボタともいっていた。農家の者が檀那寺《だんなでら》へ一荷ずつ薪《まき》を背負っていって、それをかまどにすぐくべられるように割って、寺の木小屋に積んでおく。そのセチボタで一年間の薪はじゅうぶんまかなわれたという。

旅をしていて、このような話は方々できいた。ただ相手が寺であることもあれば、地主の家であることもあり、手習いの師匠であることもあった。とに角、その年いろいろ世話になった者のところへ、薪を一荷ずつ背負って持ってゆき、お礼のしるしとした。

セチギはセツギともいい、もともとは正月用の薪のことで、関東の東北部から福島・宮城へかけては、十二月十三日に山からセツギを伐って来るといい、この日から正月が始まると考え、茨城県多賀郡では二十三日をセチギ伐りの日としているという。ただしこのセチギは門松の根のところにおくもので、正月にたくのではなかった。

奈良県山中でセチボタというのは長さ二メートル、径二〇センチもある大きな丸太で、これを正月の七日までイロリでもえつづけさせるものであった。おそらくセツギはそういうものであっただろう。そしてもとはそれぞれの家で伐ったと思われるのだが、そのセツギを世話になったものがおくることにすると、もらう方は数が多く、正月中にはたきつくせないので、おいおい一年中のたきぎにするようになったものと考える。それにしてもつつましいおくりものであった。

年の暮れのおくりものは次第に高価なものになってきた。それでいて、心のこもったおくりものはそんなに多くない今日このごろである。

寒のうち（かんのうち）

ちかごろは暖房の設備などもととのって冬もずいぶんあたたかくすごせるようになった。しかし昔は冬は寒いものときめ、その寒さにたえることをまた誇りにしたものでもあった。冬至がすぎて十五日ほどたつと小寒の入があり、また十五日たつと大寒の入があり、その後十五日たつと立春がある。したがって寒の間は三十日ということになるのだが、その間にいろいろの行事があった。たとえば寒の水で餅をつくとよいといって貯蔵用の餅をついたり、酒をつくるのも寒の水を用いた。そうすれば酒はくさることがないといわれていた。

また、寒の間に寒稽古《かんげいこ》といって武道や芸道にはげむ者たちが、早朝または深夜寒風に吹きさらされながら稽古にはげむことが多かった。歌をうたう者たちは寒声をとるといって大きい声で歌をうたったものであった。そして寒さにたえ得るために身体をきたえたものであった。

このような寒中の鍛錬がいつごろからおこったものであるか明らかではないが、その初めは宗教的なものであったと思われる。関西地方では今でも老女たちが寒夜に鈴をふりながら村の道をあるきつつ念

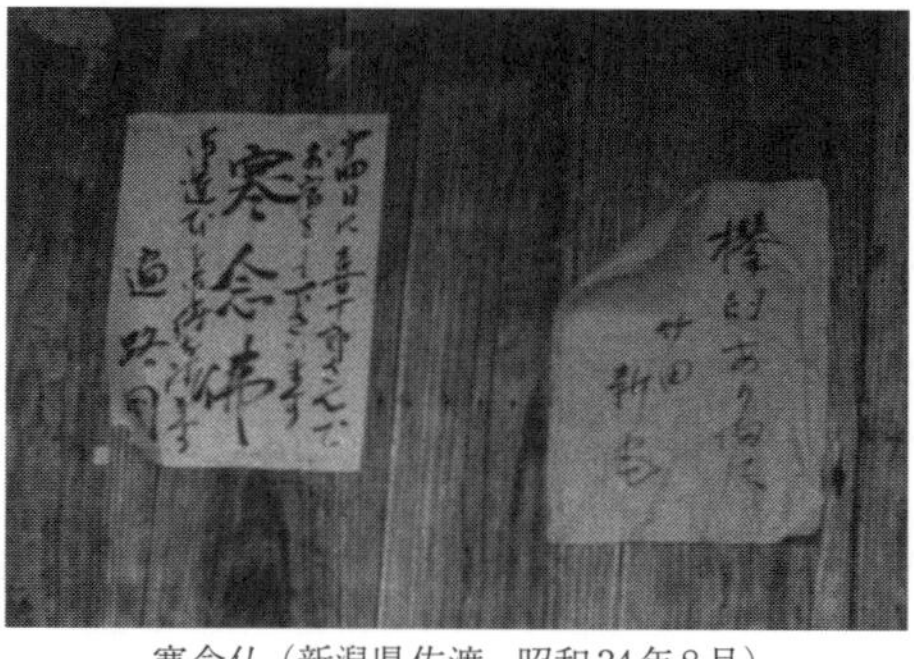

寒念仏（新潟県佐渡、昭和34年8月）

仏をとなえているのに出あうことがある。寒念仏といっている。この人たちが念仏をとなえるだけでなくて、食うものをもって辻々《つじつじ》の小さい祠《ほこら》などに供えてまわるのを寒施行・狐施行などといっているが、もとは貧しく飢えた者への食物の施行が目的ではなかったかと思っている。貧しいものが働く仕事も少ない冬の間に家々をまわって食物をもらってあるく風習は京都・大阪の市中ばかりでなく、福井・広島・山口の山間地方にもあったことを聞いた。多分はそうした者のために進んで施行するものもあったのであろう。そして人それぞれに寒い冬にたえつつ、春を待ったのである。

寒施行（かんせぎょう）

寒施行は関西を中心にして中国地方まで広く行なわれている。寒中に部落の人や講中の人たちがあずき飯をたいたり、いなりずしをつくったりしたものを夜間、辻や小祠のあるところに供えてまわる行事で、提灯をともし、鉦や太鼓を鳴らしながら「センギョセンギョウ、キツネノセンギョウ」などと唱えて歩く。唱えごとなしに歩くこともある。その唱えごとのごとく、キツネに食物を与えるものだといわれており、狐施行とも野まきともいっている。供えた食物がなくなっておれば、その年はしあわせがあり、また豊作だと信じられていた。この食物をとって食べて歩くのは子どもが多く、施行を行なったあとから子どもが群れになって行き「コン、コン」といってとって食べた。土地によっては被差別部落の人が供物をもらっていく風習もあり、夜があけて見ると、たいていなくなっていたものである。しかし、その年家に不幸のあった家の者が野まきの飯をつくって供えると、子どもたちは死火《しび》がかかるといって食べなかった。播磨地方ではキツネのために食物を施行するのでなく、キツネを子どもたちが鞭をもって追い払う行事が見られた。これを狐狩りといった。キツネを見かけて追うのではなく、キツネの害を防ぐための呪術的な行事で、もとは狐施行と同じものであろう。

粥施行（かゆせぎょう）

冬になると貧しい者に富者が粥をたいて施行する風習が各地に見られた。兵庫県家島などでは、夕方釜いっぱいに粥をたいて門前に出しておくと、貧しい者が来て手おけや椀などに自分の必要なだけくみとって持っていったという。飢饉のときなどは、各地で粥のたき出しが行なわれた。天保の飢饉のとき、飢えた者にただ粥を食わせるのではよくない、一働きさせて粥を与えるのがよいとて、和泉（大阪府）の堺では港さらえをさせ、その土を港のそばに積ませた。それが山のように高くなったので茶粥山といったという。また大阪では安治川を掘らせて、その土を川口の州に積ませた。それが天保山であるといわれる。凶作でなくても山間などの貧しい者は親方たちから粥の施行をうけることが多かった。加賀白山の下の白峯などでは、秋の収獲のすんだあと貧しい家のものは夕方になると椀をもって親方の家へひえの粥をもらいにいったという。そして雪が降りはじめると貧民の群れは平野地方へ乞食に出ていったそうである。このような風習は、中国地方の山中と海岸地方にも見られた。今日からは想像もつかぬほど貧しい者が多かったのである。瀬戸内海地方の旧家の古文書には、貧民に粥を施行したおりの領主からの褒状なども見かける。

寒乗（かんのり）

寒乗りは寒中に生魚船に乗ることで、また押し船の練習をすることでもある。昔は生魚の輸送にあたってはすべて櫓船を利用した。熊野や土佐のようなところからも魚を積んだ船は櫓を押して大阪までのぼってきたもので、土佐から大阪へは二日二夜でこぎつけたという。夏の魚はくさりやすいので塩か干物にするけれども、冬の魚は生の魚を運ぶので、くさらぬうちに大阪まで運ばなければならぬ。熊野の海から大阪へ運んだものはタイ・ブリが多かった。それを足の早い船に乗せて八挺櫓で押しのぼる。舸子は一二人で、一定の時間こぐと四人ずつ交替して次の四人が休み、櫓をこぐ手は少しも休めない。櫓を押すのに「ウントショ、ウントショ」と掛け声をかけた。海が少々荒れても乗りきり、追い風のときは帆も張った。まったく命がけの仕事であった。船は熊野からばかりでなく、四国・東部瀬戸内海からも大阪へ押しのぼった。寒乗りが一人まえにできるようになるには五年かかったという。

昔は十五歳で若衆組にはいる。漁浦の若衆は十五歳になると寒乗りの稽古をする。風が吹き波の荒れる沖へ出て櫓を押す。兄若衆が指図をする。二時間も押せば手は豆だらけになり、三日もこぐと血を吐いたという。手に豆ができず、血も吐かなくなり、どんなに時化ていても櫓が櫓杭からはずれないでこげるようになれば、生魚船の寒乗りにのせてもらえたという。

寒造（かんづくり）

酒は寒中に造る。酒の本場である西宮地方では、十二月になると丹波の山中から杜氏《とじ》が蔵人《くらびと》をつれて酒蔵にやって来て桶洗いを始める。一方、昔は淡路方面の漁師が井戸水くみにやって来た。桶屋は古いたがをかけ替え、新しい桶もつくる。準備ができると仕事始めの酒盛りがあって、酛《もと》（酒母）の仕込みが始まる。まず蒸し米をつくり、それに酛を加え、室ぶたに薄くひろげ麹室《こうじむろ》に入れておくと、二、三日して麹ができる。麹は半分だけ残し、それに蒸し米を加え、室に入れ麹をふやす。同時に、一方の蒸し米と残りの麹をいっしょにして水を加え、桶に入れ醗酵させてもろみをつくる。醗酵を促進させるために湯を入れた樽を桶の中に入れ、また櫂入れといって竹ざおの先に小さい板のついたもので、もろみをかき混ぜる。もろみは二つに分け、それにまた新たに蒸し米を加え醗酵をつづけさせる。このようにもろみの仕込みは三回行なう。一方、室でできる麹を使い次々にもろみをつくっていく。三度仕込むのに四日かかる。昼夜なしのまったく忙しい仕事である。醗酵を終わったもろみは袋に入れてしぼる。袋の中には粕がのこる。しぼり汁は二〇石入りの大桶に入れ、ふたをして密封する。するとオリが沈澱してくる。オリは桶の底からぬきとる。オリヒキといっている。十二月中には新酒ができあがる。こうして三月までの間に次々に仕込みを行なうのである。杜氏は酒蔵の中の管理をし、酒のできに気をくばり、でき加減を見て、いちいちさしずする。杜氏の下に頭《かしら》がいて一八人の蔵人を指揮して仕事をすすめる。次に代司《だいし》がいる。これは麹を作る役目で室につききりである。その下に釜屋・上人・中人・下人などがおり、それぞれ仕事を分担している。仕事の運びはもとほとんど歌によっていた。

寒参り（かんまいり）

もともと修験者などの間におこったものが、民間に一般化したものと見られるが、江戸時代に入って盛んになった。冬の極寒の間三十日間裸形となって腰蓑をつけ垢離をとり、神社に参拝する。若者や若い女がこれを多く行なう。こうすると病気にかからないといわれている（『古今神学類編』）。中にはまた十一月の寒の入に諸人たちが夜中裸参りをする風があって、寒参りといっていた。多くの場合社寺参拝のまえに水垢離をとるので、寒垢離ともいっていたが、地方の村々では寒垢離は村に重病人のある場合、村祈禱の一つとして、村中の者が裸ではだしになって水垢離または潮垢離をとって神社に参拝して快癒を祈る風があった事が佐渡、淡路などから報告せられているが、その分布はひろかったものと思われる。しかもこれを千回くりかえすものを千垢離などといった。苦行になる事が条件であったから夏季はあまり行なわれなかった。

氷蒟蒻（こおりこんにゃく）

蒟蒻は蒟蒻いもを煮てすりつぶし、灰汁でかためる。夜間、零度以下に下がるところへ置くと凍ってくる。それを日に干して氷を解き、さらに日と風にさらして乾燥すると、蒟蒻とはおよそ違った、すかすかしたものになる。蒟蒻にかぎらず豆腐なども一度凍らせて干すと、まったく別もののようになる。このような発見は近世初期のことといわれる。はじめは寒天や凍《し》み豆腐の製造がなされたようであるが、凍み豆腐のほうは高野山の僧が食いあました豆腐を夜ひどく冷える所へ置いたところ、凍って別もののような豆腐ができたところから、これをたくさん作って保存するようになった。氷蒟蒻も同じアイディアから始められた保存食である。

蒟蒻を干す（広島県、昭和40年12月）

新海苔（しんのり）

のりは冬から早春にかけてとれる。東京湾などでは、もとは浅いところにのりのヒビを立てて、それにのりを付着生長させた。羽田沖などは今もその方法で養殖している。広島湾・有明海などもこの方法によっている。また浜名湖などでは霞網を水中に張ってのりを付着させている。また日本海沿岸では、岩にのりが付着し生長するのでそれをとる。最近は岩にセメントを張って、そこへ付着させてとる方法もとられている。のりは十二月から一月へかけてよく生長し、はじめのうちは色も濃く柔らかで、かおりも高い。ヒビや網で養殖したものは船でとりに行き、よく水洗いして長いものを刻み、すいて簀に干す。新のりは陰暦ならば十二月の末、陽暦ならば一月の末には市場へ顔を見せるのが普通で、値も高い。ただし岩のりの場合はもう少し遅れる。

海苔の養殖（広島県、昭和35年10月）

雪女（ゆきおんな）

雪の夜に雪の精としての女の出るはなしは積雪地帯の方々にきかれる。『遠野物語』の雪女は小正月の夜たくさんの童子をつれて出てくる。その晩は一般の子供は家にこもっている。青森県の西津軽では雪女は正月元日に降って最初の卯の日にかえる。雪女のいるうちは一日に三十三石の稲の花がしぼむので、卯の日のおそい年は不作になるともいわれる。雪女はどこでも不気味なもので、わざわいをもたらすものだと信じられているようである。長野県白馬岳の麓に猟師の親子がおり、山中で行きくれて吹雪になり、山小屋にとまっていると色の白い女がやって来て父親に白い息をふきかけた。息子にも息を吹きかけようとしたが、やめて、他言はするなといって出ていった。夜があけて見ると父親は死んでいた。その翌年息子は雪の夜、困っている娘をたすけて妻にした。二人の間に子が次々にできたが、ある雪の夜、妻に十年まえの山小屋のはなしをすると、自分はその雪女だが、あなたを殺す気はないから出ていくといって姿を消したという（『山の伝説』）。長野県伊那では雪女を雪オンバといっている。雪の妖怪が男である場合もある。岐阜県高山では雪入道とよび、目一つで一本足の妖怪であり、雪の降る夜あけに出るものだという（「郷土研究」四ノ一二）。秋田県西馬音内地方では雪女は吹雪の中で行き倒れになったものの霊魂が出てくるものだといっている。老女の姿をしたものが多い。

節分（せつぶん）

今立春の前日を節分といっているが、もとは時候の変り目を節分といったのである。夏の節分として『源氏物語』の「やどり木」の巻に「四月ついたちごろせちぶんとかいう事」とあり、『中右記』にも「保安元年（一一二〇）四月朔日辛未、今夜夏節分也」とある。また秋の節分については、『源氏物語』「あづまや」の巻に「なが月はあすこそせちぶときしかといひなぐさむ」とあり、『栄花物語』の「峯の月」にも「あきの節分にいととくいりぬべければとて、七月三日うちにかへらせ給」とある。次に冬の節分については『中右記』に「保安元年十月八日、今日冬節期也」とある。いずれも立夏、立秋、立冬の前日であったようであるが、室町時代から、立春前日の節分のみが重んぜられるようになった。もともと季節の変り目には悪鬼病魔の横行するものと考えられており、それをさけるために方違《かたたがえ》をした。いまも方違神社のある和泉堺では方違神社への参拝がきわめて盛んである。災厄をさけるために、なよし（ボラの幼魚で全長三〇センチほど）の頭とひいらぎを門口へ挿すことは『土佐日記』にも見えており、豆まきの風もすでに鎌倉時代にあった。しかしそれは今日のようなやり方とはちがっていて、『宗長日記』（大永六年・一五二六年）に、節分の夜、炒豆・頭髪・銭の三つのものをつつんで、夜行の乞食にとらせたとあるから、中国の古風の伝来かと見られる。但し豆まきやひいらぎをさす行事は日本では節分とは限っておらず、関東平野の南部ではひいらぎは二月八日のオコトの日に挿すことが多く、九州では一月六日の鬼火の日にさしている。また大晦日にこれを行なっているところもあり、もともとは災厄を防ぐ方法として、節分以外の時にも盛んに用いられたものであるが、それらが次第に立春節分に固定した事によって、立春節分がとくに印象深いものになったのであろう。また豆まきも、それとともに豆のこげ方によって一年の豊凶をうらなう行事がともなっているところが多いが、この方は一月十五日の小正月に行なうところが多くて、むしろ一月十五日の行事が節分と二つに割れたのではないかとも見られる。

年内立春（ねんないりっしゅん）

普通は正月のあとに節分はあるが、その年に閏月があると正月のまえに節分のあることがある。節分は陽暦であり、旧正月は陰暦であるからこのような矛盾が起こる。これを年内立春といっている。『古今集』にも「年のうちに春は来にけり一とせを去年とやいはん今年とやいはん」の歌がある。元来旧正月は立春を基準にして定められたもので、正月は春と考えられていた。だから正月の挨拶を「よい春でございます」といっているところが西日本には多い。ところが、正月以前に立春があると、そのあと冬があってまた正月になるので「年のうちに春は来にけり」といったのであろう。正月を迎えて春になり、そのさきに節分のあることにはそれほど矛盾を感じなかった。民間では年内立春の年は春が早いといっているが、立春後に正月があるのだから正月を過ぎるとまもなく暖かになってくるわけである。

年木樵（としきこり）

正月いろりにたく燃料を年木といっているところは多い。正月に門松の根方へならべたり、または積んでおく木も年木といっているが、これはよい薪をたくさん持てるようにという意味からかと考える。年木は自分の家できって準備する場合もあるが、寺などでは檀家のものが、一荷ずつ背負うていく事があり、それが一年中の燃料になったものともいわれる。ところが正月にたく木だけでなく、正月の樵り初めに伐る木をも年木といっている例がある。京都府乙訓郡向日町では正月四日の山入の日にトシギ二本を伐り山の神にそなえ、また神前で餅をやいてそなえる。歳木の二本のうち一本は苗代の水口にたて、他の一本は虫送りのとき松明のさきにつけてもやす。また鹿児島県地方では年の始に年木を親におくる習慣があった。年木はまた売りあるかれるものでもあった事は西行絵巻の正月の風物の中にも描かれていて、その歴史は古いのである。

コラム　花祭

十一月二十二日は月の花祭である。くわしくいえば愛知県北設楽郡東栄町月という、三河の山中のささやかな村の霜月神楽である。この山中に古くから花祭という神楽が行なわれていることを知っている人は案外少なかったが、昭和の初め頃、早川孝太郎氏がその花祭の一つ一つを訪れて精緻な記録を公にしたのが『花祭』で、それから世間にも広く知られるようになった。私なども早川さんが大著をあらわして五、六年たった頃、この山中を訪れて花祭を見てあるいた。日の暮れる頃から神事がはじまり、宵の口は子供や若者たちが舞っているが夜なかになると、鬼が出る。その頃から次第に高潮してきて、寒さも何のその、見物人も群集して弥次をとばしながらいっしょに踊り狂う。庭に火をたいているが、そのそばの桶の水が厚い氷になっていく。

夜があける頃大ぜいの鬼が出て来て、また踊り狂う。それからまた舞がつづいて、終をつげるのは夕方で、まる一日の祭である。ひっそりした山中にこの日ばかりはひねもす夜もすがら太鼓の音、神楽歌の声がこだまする。その舞の美しいこともさることながら、村の人びとはみなおおらかで、この夜ばかりは自他の区別もない。だからこの祭を見てあるきはじめると憑かれたようになって際限がない。ただ、大きな戦争があって一時中止したところも多く、里人のおとずれるものもなくなっていたが、戦後復活し、最近はマスコミでも盛んに紹介するようになって、この山里を訪れる人も多くなってきた。私も戦後一度おとずれ、今回は二度目である。最近のいわゆる経済成長で、この山中も都会の風がずいぶん吹き込んできたが、なお素朴なものを失わず、祭の行事も古い儀式がよくまもられていて、それが不思議なほど心のやすらぎを与える。ただ私の方がいつの間にか年をとってしまって、夜半の鬼が出て来るのが待てず、消防の詰所のコタツの中にもぐり込んで眠ってしまって、目のさめたのは暁方近く、そして日の出る頃には山を下ったのであった。

三河の北は信濃になる。そこには坂部の冬祭、新野の雪祭、遠山地方の遠山祭などがあり、三河の東、遠江の佐久間町には花祭、水窪には西浦の田楽がある。西浦の田楽は付近の村の神楽と大差ないのだが、その中に田楽がとり入れられているので田楽が祭の代表のように見られるにいたったのであろう。それも土地の人がそういったのではなく、見に来た人たちが名付けたものである。これらの祭の多くは南北朝の戦乱をさけてこの山中に居住した者が中心になってはじめられたもののようであるが、若さと時間とがあれば、その悉くを見てあるきたいような魅力をおぼえる。そこにはこの山中に生きついできた人たちのきびしさが凝集して一つのエネルギーとなって火花を散らしているように思われる。

日本の習俗

見送り出迎え

東京の浜松町と羽田の間にモノレールができて評判になっている。これを利用する者は飛行機へ乗ったり降りたりする者よりも、飛行場見学や見送り出迎えの者の方がはるかに多いようである。少し有名な人が旅行すると、いつも見送り出迎えで大へんな人出を見るが、このような風習は文明国の中では日本がもっとも盛んなようである。

そしてそれは古くからの習俗であるが、もとは神詣での折りに多く行なわれた。とくに伊勢参宮の時には村中の者が村境まで送っていったもので、これをデタチといった。さて参拝者が戻って来るとまた村中が迎えにいって無事を祝いあった。これをサカムカエといった。参拝者は村人の出迎えをうけてまず神社へ参って神に感謝し、次に家へ帰り、出迎えした人たちと酒をくみかわした。この酒盛りをハバキヌギといったものである。

見送り（山口県萩市、昭和35年8月）

こうした習俗は昭和にはいるころには大へん影がうすくなっていたが、戦争が始まると、出征兵士の歓送迎に昔のままの姿で復活した。それが敗戦によってなくなってしまうものかと思われていたが、文化の先端と見られる国際空港から外国に旅立つ者の見送りにうけつがれ、羽田は大へんなにぎわいを呈することになった。そして最近は中学卒業者の集団就職に際して駅頭を埋める歓送者の群れを見ることがある。これは古い集団社会意識の生んだ儀礼であるが、今一つ藩政時代には身分の高い者の旅行に際して庶民の見送り、出迎えが強要せられたものである。その名ごりも今見られる。官公署、会社などの高級職員の転任の折りには駅頭に部下その他の知人が見送り、または出迎える。

古い時代には群れからはなれる生命はいろいろの災厄におかされやすいものと考えて、その生命を守るためにいろいろの手段がとられた。デタチ、サカムカエ、陰膳《かげぜん》などその一つであるが、時勢は変わりつつなお続けられている。

サカムカエ（『近江名所図会』より）

冠り物（かぶりもの）

流行を見ているとおもしろい。戦前までは大ていの男が帽子をかぶっていた。しかし今帽子をかぶる者はほとんど見かけない。その帽子は西欧からはやって来たものであり、さらにその以前、すなわち江戸時代も無帽が一般だったが、もっとさかのぼると、皆烏帽子《えぼし》をかぶっていた。そのまた烏帽子の前は無帽であったようだ。ただ烏帽子は帽子や笠《かさ》とは少しばかりちがっていて、人の前へ出るときも、夜寝るときもかぶっていたものである。ただし烏帽子は子供のときにはかぶらなくて成年式をしてはじめてかぶったものであるから、昔は成年式をエボシギ（烏帽子着）ともいっていた。そしていったんかぶると余程特別なことのない限りはとらなかったのだが、まずこれをとる機会の多くなったのは武士であった。冑《かぶと》をかぶるとき烏帽子は邪魔になるし、邪魔にならないようにするためには烏帽子をやわらかにする必要があった。そして鎌倉時代になると夜寝るときは烏帽子をとる者もあるようになった。烏帽子をかぶるためには結髪した髻《もとどり》が立っている方がよい。これが支えになるからである。とこ

頭上運搬（鹿児島県熊毛郡、昭和37年6月）

ろが冑をかぶると立髻が邪魔になるので、これをまげるようになる。そして江戸時代のような丁髷《ちょんまげ》とよぶ結髪が見られるにいたるのだが、そこまで来ると烏帽子よりは笠をかぶる方がよくなる。

一方女は冠り物を冠ることは少なかったが、それでも地方によっては客があるとき、あるいは特別の日には手ぬぐいのようなもので頭を包む風習があった。伊豆大島のアンコの手ぬぐいなどもその名残りである。

さて私のいってみたかったのは、立髻を結わなかった女たちの場合には古くは物の運搬はすべて頭上でなされていた。男の方はかついだり、背負ったりして運んでいる。しかし女も島田髷のようなものを結いはじめると、頭上運搬をやめてくる。今日の無帽流行がこれからどういう文化を生み出すであろうか。

アダナ

若い人たちの間には本名のほかに愛称でよびあう習慣がある。古くはこれをアダナともシコナともいった。大ていはその人の特徴をつかんでつけたもので、中には愛嬌《あいきょう》のあるものが多かった。しかも人にばかりでなく、家にもアダナがあり、秋田県能代市には町にまでついていたそうである。豊臣秀吉のサルや徳川家康のタヌキ親爺《おやじ》など、その死後ひろく通称せられるようになったものもあるが、もともと同時代の者が使用したのである。

日本には古くから実名を敬避する習俗があって、身分の高い者が実名をよばれることはほとんどなかった。それは貴族ばかりでなく民間にも見られ、女など見知らぬ者には名は明らかにしないものであり、名を明かすことは身も心もゆるすことであった。江戸時代の宗門人別帳を見ていると、娘や老婆の名はしるしてあっても、主婦だけはただ女房とのみ書かれて名のないものが多い。その家の主人の妻であり、他の者に名を知られる必要がなかったからであろう。

アダナの中には実名のうえにつくもの、たとえばカマキリの吉松とかガマンの助十郎などというような例もあれば、アダナだけで実名をよばないものもある。江戸時代の犯罪関係の文書を見ていると、無宿人などには前者が多く、身分の高い者にアダナをつける場合には後者が多い。アダナでよんでしかも相手の悪口をいっても、それは本名でないから相手に被害は与えないと考えたのであろう。もと言葉には呪力《じゅりょく》があって、相手の名をよんで悪口をいえば相手に被害を与えると信じられた。不幸な話をするときなど、その不幸が身におよばないために「これは私ではないが」と前置きして話す習慣が各地に見られた。

しかしいいアダナ—愛称はいいものである。日本も総理大臣が国民から愛称でよばれるような日が来たらどんなにいいだろうと思う。

一人前

いろいろの生産が人力にたよっていた時代には一人前ということが大切にされた。一人前というにはいろいろのきまりがあった。たとえば年が十五歳になると若者組に入り、若者になれば一人前としてみとめられ、村の公共作業や共同労働には三十、四十の大人《おとな》たちとおなじように働けたのである。また労働技術についても男は田畑の耕作技術を身につけ、牛馬を使いこなすことができるのが標準であり、女は炊事、機織りが一通りできるようになればよいとされていた。

こうした一人前の基準がたたぬと共同労働や交換労働は成立しないのであるから、だれでも一人前の仕事のできる訓練だけは子供のうちに十分行なったものである。

しかし、男の世界に女の加わるときは、女を一人前とみとめることは少なかった。大ていは六分か八分としてみとめたものである。賃金をきめるときも女は男の六割か八割にせられているところが多い。村仕事には力仕事が多く、女は男ほど力が出せないというのが主な理由であった。いまでも春さきに村々をあるいていると、掲示板にその年の村の労賃を貼り出しているところが多いが、大てい女の方が二割方安くなっている。ただ田植賃だけは別で、この方は女が高い。男よりは能率があがるからである。

ところが、こうした体制が戦後大きく乱されてきた。二十歳になるまでは少年ということになると、昔の若者は今は少年ということになり、また男女平等ということになると、村の公共作業にも女が一人前として出ていくようになって、男は姿を消してきた。

昔は若者入りをしたり、女が機を初めて織りあげたときには一人前になったとして近所親類をまねいて祝ったものであった。今日見られる成年式はそうした慣習の延長とも見られるのだが、年齢が五歳もひきあげられている。

挨拶

近ごろはお互いの出合い頭のことばが「おはよう」「今日は」「ヤア」などといたって簡単になって来ているが、もとはもっとバラエティーにもとみ、ニュアンスのあるものであった。

たとえば、朝は「おはようございます」、昼は「お日になりました」「ごしょうだし」「御精がでます」などといい、夕方には「おばんでございます」「おしまいなさったか」などともいった。また晴れておれば「よい天気―日和《ひより》―でございます』といい、雨がふれば「よいうるおい―おしめり―でございます」「順気でございます」ともいった。別れるときも「さようなら」だけではなく「また来るが」「おあす（明日）」などと、再会を約した言葉づかいをした。

そういう言葉の使いわけのよくできる人のことを、物言いのいい人といった。近ごろは物言いというと、いわゆる相手に文句をつけることになっている。もとは、仲間のあいだでは物言いは大事にした。そしてお互いが仲間であることをたしかめあったのである。とくに夕方は逢魔《おうま》が時などといって、魔物や妖怪《ようかい》のうろつくときとされ、行きあう者同士は魔性でないことをたしかめるために声をかけあった。いなか道をあるいていても、そうして声をかけてくれるものがあって、何か心あたたまるものがあった。夕方をタソガレというのは「誰そ彼」から来たものであるといい、夜あけをカワタレというのは「彼は誰」から来たものだといわれているが、ともに仲間をたしかめあおうとする心の含まれた言葉である。こうしてたしかめあい、またはげましあうのが挨拶であった。

やや長い物言いのことを口上といった。口上がうまいなどというのは、おしゃべりがうまいというわけだが、今日、大ぜいのまえでする挨拶のことである。近ごろは勝手なおしゃべりは皆じょうずになったが、挨拶の方は大分へたになってしまったようである。

家ジルシ

ちかごろ家紋について大分関心を持たれるようになって来たが、家紋のほかに家ジルシというものがある。三越や大丸の商標のようなものも、もとは家ジルシの一つであるが、民間にひろく行なわれているものは、さらに簡単で、文字になっていないものもある。その初めは材木をきり出すとき自分の持ち分を明らかにするため、斧《おの》や鉈《なた》で木に刻みをつけたいわゆる木ジルシのようなものから発達したものであろう。そしてそのシルシにはそれぞれよび方があった。△はソバツボ、×はヤスコ、∧（ヤマジルシ）はヤマ、エはカセ、┐（マガリカネ）はカネという風に。そしてそのシルシは家によってきまっていたので、家ジルシともいっている。

家ジルシの簡単な家ほどその歴史は古い。その家から分家が出ると、本家の家ジルシに何かを付け加えて複雑にしていく。たとえば△に一を加えて△一とする。ソバツボノシタイチという。あるいは∧の下にいろいろの記号や字を書いたものは大ていヤマジルシの分家である。したがって一部落の家ジルシをしらべていると、本分家関係や、その部落がどのように発達して来たかをつきとめることができる。

このような家ジルシはもともと木ジルシから出たものであるから山間地方に多く見られ、しかも全国にわたっているわけだが、山中ばかりでなく、平野にも海岸にもある。自分の所有をはっきりさせておくためには、どうしても必要であったわけだ。

戦前鹿児島県の宝島に渡ったとき墓地の花立てのすべてに家ジルシのきざまれているのを見て感動したことがあったが、三重県志摩半島国崎の墓地では戦死者の墓の、戒名の上にすべて家ジルシが刻まれているのを見た。家ジルシが家紋同様に大切にされているばかりでなく、これによって同姓の多い村では家を区別することもできる。そしてそういうものから商標も発達して来る。

婿の座

嫁の地位の低さがよく問題になる。しかし、それは女の地位が低いからそうなっているというのではなく、女が自分の家を出て他家へはいりこむからで、婿をもらった家付きの娘の場合は権利の強いもので、婿の地位は低くなる。「粉糠《こぬか》三合あれば養子にゆくな」といったのは婿養子の肩身のせまさをいったものである。大阪府や奈良県の村むらでは、他村から婿養子にきたものは村寄り合いの席で一番末席にすわらされたり、村の雑用の使い走りをさせられたり、村人の一番いやがる死人埋葬の墓穴ほりをさせられたりした。たとえその家が村の名家である場合にも婿にはそれだけのことをさせたのである。そして家付きの主婦がいつまでも権力をふるっているような家は「あそこは牝戸主《めんこしゅ》の家だ」とか「牝戸長の家だ」とかいったものだし、われわれがそういう事情を知らないでたずねていったとしても、婿養子の家はすぐそれとわかるほど亭主のほうがおどおどしていた。

姉家督制の見られる東北地方の奥羽山脈の両側の地帯も同様で、婿を迎えている家の主婦の権力が絶対的である例は少なくない。亭主は何もかも妻のさしずによって行なっている。これはこうしたことが慣習化せられている地帯だけでなく、父家長制が強いと見られるところにも注意深く見ると存在している。

青森県下北郡東通村の一部落を調査した際、入り口の表札が女の名になっているので未亡人が戸主かと思っていたが家にはすでに六十に近い男の戸主がいる。きいてみると二十歳のとき婿にきたのだが「何事もアネさま中心で、表札を各戸でつけることにしたときも私の家はアネさまの名にした」とのことであった。

日本では家が大切にされ、家が中心になった。したがって、もとからその家にいる者が権力を持った。他家からはいってくる嫁の地位の低くなったのもそのためである。

ミヤゲ

観光地や温泉地をあるくとミヤゲ物の店がならんで、いわゆるミヤゲと称するものが売られている。いずれも安物のそれもその土地で作られたものではなくて、他の土地で作らせたものに観光地の名をしるさせて売っているのだが、そういうことはおかまいなしに皆買って帰り家族の者や知人、近所などに配っている。

いったいミヤゲを土産とかきながら一向に土産品ではない。ミヤゲというのはもともと宮笥《みやげ》と書いたものであろう。宮にまいってそこで氏人―氏子―たちが神に供物をささげいっしょに食事をし、その余ったもの、神に供えたものを笥《け》、すなわち小さい箱に入れて持ってかえり、近親のものにも分けて神の恩寵《おんちょう》にあずかろうとしたものであろう。笥もなかったころには苞《つと》に入れて持って帰ったもので、ミヤゲのことを家苞ともいった。

私は昨年〔昭和三十八年〕、下北半島の神社の祭の座でその家苞を見た。一握りの藁《わら》の真中ほどをくくって折りまげ、くくってない方を持って、上手に藁を竹で割ったような形にして、そこに食物を入れ、手に持っている所と食物を入れた所を包むようにして括るとすなわ苞になる。それをそれぞれ手にさげて帰っていった。万葉集に見える家苞もこういうものであっただろう。その家苞が宮笥になったのは用器の一つの進歩であった。

ところがミヤゲを土産と書くようになったのも、一つの理由があった。知人を訪れるとき自分の手で作ったものを持って行く風習がいまも各地にのこっている。長野県の旧家の記録を見ていると親戚訪問の際の土産として里芋《さといも》五百匁などというのがあり、また新潟の旧家で盆土産甘藷三百匁などとあるのを見た。

この土産とあるのは今とおなじようにミヤゲとよんだもので、親戚知己訪問のとき持ってゆく土産品をもミヤゲというように

ミヤゲ物屋（新潟県、昭和33年10月）

なったのであろう。いずれも真情のこもったものである。真情がうすれ形式だけになると言葉の意味もわかりにくくなるものである。

停年退職

近ごろ停年退職の年齢がしきりに問題になる。五十五歳は若すぎるというわけである。事実その通りで、せめて六十歳位まではということになる。六十歳は還暦といわれ、それを一区切りにして隠居する風習は見られた。ところが西日本各地をあるいていると五十五歳前後で隠居する例も少なくない。隠居というのはその家の戸主の地位を息子にゆずって別の小さい家に住み、もう村の公の仕事に出なくなることで、いわば停年退職である。

しかし隠居したからといって遊んでいるわけではない。たいていは二、三男をひきつれて、一生けんめいに働き、時には山地をひらいて耕地をつくり、二、三男のための財産をつくって分家させる。この仕事は六十歳になってはおそすぎるが五十五歳なら間にあうそうで、長男に嫁をもらうと間もなく財産をゆずって隠居するのである。対馬・壱岐・五島などにはこの風習は強く見られたし、瀬戸内海をはじめ、四国の山間部、志摩半島などにも方々に見られた。それが新しく開く土地がなくなってくると、隠居してみても二、三男を独立させるための財産をつくることはできなくなって、二、三男は他所へ出して働かせ、自分はできるだけ長く長男のために働いて六十すぎて隠居するようになる。と同時に人生の活動期を二つにわけて、前半は家の財産を守るために働き、後半は二、三男の財産をつくるために働く必要はなくなる。

さてこのような隠居分家の制度のあるところではただ家にあって二、三男のために働くばかりでなく、年寄衆あるいは宿老《しゅくろう》などといわれる仲間にはいって村の祭りの世話をしたり、自治上のとりきめの相談にのったりしたものである。それが村の秩序を保ち、村を存続させてゆくのにも役立った。停年退職した人たちの生活がもっと安定し、社会全般の前進のために奉仕できるようになるとおもしろいと思う。

間食

日本では百貨店の食堂などいつ行ってみても人がたくさん食事している。〝食事時〟というものがないようにさえ見える。のべつなしに食事するようになったのは腹持ちのしないものをたべたことに原因があるようだ。今から三百年くらいまえまでは、一日に二回食事をとっている。ただし、この二回というのは米の飯をたべてのことで、一日に五合、一回に二合五勺がきまりであった。しかし百姓たちは年貢に多くの米をとりたてられて、米を十分たべることができず、麦をたべ、甘藷をたべ、飯ばかりでなく、粥《かゆ》や雑炊《ぞうすい》もたべた。そういうものでは腹がすく。そこで間食をするようになった。まず朝と晩の間にヒルゲがたべられるようになった。ヒルゲは〝午餉〟とかき、これを音で読んでゴショウともいった。朝食と午餉の間にたべるのを四ツ茶という。四ツというのは今の十時である。また午餉と夕食の間にたべるのを八ツ茶といった。八ツは午後二時のことである。そしていまでは午後の間食をオヤツといっている。

夏は日が長いので三食のほかに四ツ茶や八ツ茶がどうしても必要であり、昔は朝くらいうちからおきたので、朝食のまえに朝茶といってちょっとしたものをたべた。また冬は夜が長いので、夜仕事をしたあと夜食をたべたものである。こうして一日に五回六回食事をとることは少なくなかった。昼間の間食をコビルマとかコビリとかいっている。全国に分布していることばで、それは同時に間食の習慣が全国に分布していたことを物語るものである。そのほかにもケンズイ・ヒズカシなどという間食を意味する方言がある。近畿地方に分布している。とにかく間食せずにいられなかったものであろうが、そのことが食事の時間をきびしく守らせなくしてしまったものであろう。最近東京の家庭では一軒の家の中でさえ一人一人の食事の時間の違っている例が多い。

すわりだこ

若い娘さんが短い洋服を着て、美しい脚線を見せてあるいている。きれいだなと思う。だがもっとひざがまっすぐにのびたらなおいいだろうと思う。そんなときふとその人の足もとを見る。そういう人の多くは足のくるぶしから甲のほうへよったところに、たいていすわりだこがある。すわりだこは足を折ってキチンとすわっていると、いつの間にかできるものである。

ちかごろ娘さんたちもひざをくずしてすわったり、腰掛けの生活が多くなって二十歳以下の女性にはあまりそれを見かけなくなった。女がひざを折ってすわる風習は古くから見られたのだが、それは上流社会のことで、民間では明治時代まではあぐらをかいてすわることが多かった。私の知っている範囲では東北地方に広く見られていたし、また中部地方から近畿・中国地方の山中にまでわたっていた。

そういうところでは女たちはたいていモンペ系統の袴《はかま》をはいていた。タッツケ、カルサン、モンペなどといっているが、その仕立て方は少しずつ違っている。これをはいておれば、前のひろがることもない。女のあぐらは男のように深く足を組みあわさない。足くびのところが交差する程度である。絵巻物などによると男も昔はそんなにしてすわっている。そして男も袴をはいていた。

着物を着ながしにすることから男のほうは足を深

モンペ（青森県下北郡川内町、昭和38年6月）

く組んであぐらをかき、女のほうはひざを折ってすわるようになったのだと思う。それが行儀のよいことになった。もとより男も目上の人のまえや公の席ではそうするようになったが、家に帰ればあぐらをかいた。だが着流しが一般の服装になった社会では、女のあぐらはゆるされなくなった。それがすわりだこをつくった。

私は女の足からすわりだこの消える日を祈っていたが、ようやくその日が来たようである。一つには女の横すわりが不作法に見えなくなったことも大きい原因であろう。

リュックサック

山坂の多かったためか日本では車の発達がおくれた。そして荷物は牛馬の背か、人の背で運ばれることが多かった。背に負う場合は背負枠《せおいわく》を用い、それに荷をくくりつけて背負った。これには荷を枠へくくりつけるに便利な爪《つめ》のついているものとついていないものがあった。この背負枠を関東東北にかけてはヤセウマ、関東から中部へかけてはセイタ、近畿中国ではオイコ、四国九州ではカルイといっている。

オイコ（静岡県、昭和34年7月）

ただしこれらのことば以外もっといろいろのいい方があって、入りみだれているが、大体右のように大きくわけられる。そして日本人は荷を負うてあるくことを大して苦にしなかった。背負枠以前には笈《おい》が多く用いられ、これは箱形のものもあったが、背負枠に近い背中が板になっているものが多く用いられたようである。そしてそういうものに荷をつけて背負い山坂をこえている。

背負枠には縄がついていて、それで荷をくくりつける。これを連尺《れんじゃく》ともいった。そして背負って荷を運ぶ者のことをもレンジャク（連尺）というようになった。東京三鷹の連雀《れんじゃく》は江戸の神田にあった連尺町の人たちが移住開墾して定住したところであった。中部地方ではこの荷持ちのことをボッカといっている。道のわるいところでこうした人たちのはたした役割りは大きかった。背負枠を背負う習俗にともなって、藁《わら》や菅《すげ》で編んだ袋を背負う習俗も各地に見られる。スカリ、コダス、ベントウガマスなどといっている。今日のナップザックの前形式をなすものである。

今夏全国各地をあるいて、いたるところでリュックサックを背負った人びとに逢った。今年はとくに多かったように思われ

ナップザック（静岡県、昭和59年8月）

る。重い荷をそれほど苦にせず、むしろ誇りにしているようにさえ見えたが、荷を背負う習俗の延長をそこに見たように思う。

足半（あしなか）

もう三十年もまえのことであるが、私の所属する研究所〔アチックミューゼアム〕で足半《あしなか》ゾウリの調査研究をしたことがある。足半というのは足の前半までしかないゾウリのことで、漁師や農民が仕事をするときはいたものであった。

どうしてこんなはき物をはいたかというと、ゾウリがぬれてもべたべたしない。そしてまたはだしであるく時のような危険もない。それに簡単につくれる。だから国全体の民衆の間で用いられた。それが、今どこをさがしてもちょっと見当たらぬまでに消されてしまった。それにかわるものができたからである。地下タビやズックのクツがこれである。

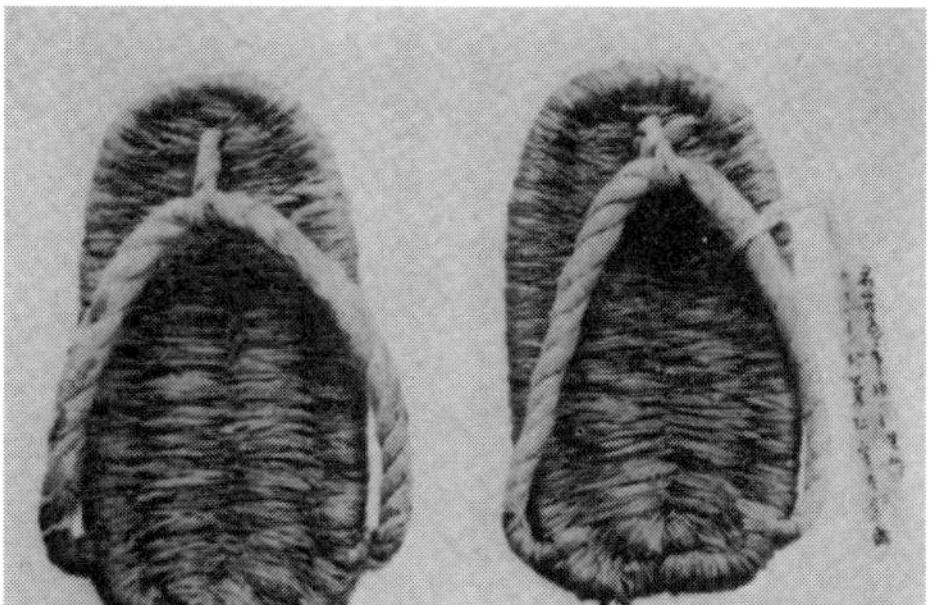

信長が金松又四郎に与えた足半（写真：潮田鉄雄氏）

ところで足半は一般労働のときにのみ用いたかというと、昔は戦場で盛んに利用された。下級武士たちは大ていこれをはいていたようで、合戦の場面を描いた絵巻物の中にこれを見かける。徒歩で戦う者にとって、これは好都合なはき物であった。織田信長は戦陣にこれをたくさん持っていって、目ざましく働いている武士が足半をはきやぶっているのを見かけると、いちいち新しいのを与えたといわれている。考えてみると、これは戦場を疾駆する武士たちにとってスパイクとしての役割をはたしていたのであったが、戦争がなくなってみると、労働大衆がこれを愛用するようになったのであろう。そして第二次世界大戦までは全国的に使用されていた。

足半は便利なものであったが、かかとの方は土につく。したがって百姓のかかとは岩のように堅かったものである。それが冬になると割れて、いわゆるアカガリ（皹）になって農民たちを苦しめた。そういうときはそこへ膏薬《こうやく》を流しこんで治療したものである。

最近とみに百姓の足がきれいになり、やわらかになった。「しかし、はだしで耕作しているとき、しみじみ土の親しさをおぼえますね」と若い百姓はいった。足半は足を保護しつつ、土へのしたしみを与えた。

曲がり角

近ごろよく曲がり角《かど》に立つという文字を見、ことばを聞く。方向を転換しなければ現状では行きづまってしまっているというような場合につかっている考えてみると、日本という国は実に曲がり角の多い国であった。まっすぐなものでも、わざわざ曲げなければすまないような国であった。とくに昔の城下町をあるいて見ると、道がカギの手に曲がったり、丁字形になったりして、まっすぐに通うたものが少なかった。その上、東京では袋小路がむやみに多い。これは、いざ戦争というときに、敵の攻撃を防ぐためのものであったという。

農村をあるいて見ても、もとは田の畔《あぜ》がひどく曲っているものが多かった。わざわざそうしたものであった。昔、検地をしたとき曲がりくねってふくれている部分は切り捨てて面積をはかってもらえた。すると仮に一反（一〇アール）と台帳にしるしてもらっても、実際には一反三畝もあることがある。つまり一枚の水田にも二通りの面積があったもので、地方をあるいていて耕地の広さを聞くとき、「それは台帳面積ですか、実面積ですか」とききかえさなければならないことが多かった。曲がりくねった畔も、戦中から戦後へかけて盛んに区画整理が行なわれて畔はまっすぐになり、台帳も実測も一本に

熊本城の曲がり道（熊本県、昭和37年1月）

なることになった。

しかし民衆自身が曲がり角を喜んだのではない。民衆はいつもまっすぐであることを望んでいたのである。つきあたったり、曲がり角になっているようなところには人にわざわいする霊魂がうろついていると考え、そういうところへは辻神《つじがみ》だの塞《さい》の神だのをまつった。「扇面古写経」などにも描かれているから、平安時代ごろには盛んにまつられていたものであろう。西日本では、中国の影響をうけて、石敢《せきかん》当《とう》をたてている所もある。曲がり角はできるだけ少ないのがよかった。

丙午（ひのえうま）

今年〔昭和四十一年〕は丙午《ひのえうま》だといって、いろいろ書きたてられたりしている。まだまだ問題にしている人があるのかと思う。戦後まもなく文部省で迷信調査を行なったとき、すでに〝信ずる〟と答えたものは一〇％ほどにすぎなかったから、今ではもうそんなことはいわなくなっていると信じていたのであるが……。

丙午生まれの女は性が強くて男を殺す、といわれはじめたのはあたらしい。江戸も中ごろ以前にはなかった。ただ江戸の初めごろから、丙午の年には火事があると信じられていたが、それすら江戸幕府二百六十四年の間、丙午の年に大きい火事のあったのは弘化三年〔一八四六〕一回にすぎぬ。次に天和二年（一六八三）の大火事をひきおこした八百屋お七が丙午〔寛文六・一六六六年〕の生まれであったということになっているが、これも俗説の域を出ない。

ただ、どうしたことか、元禄のころから「丙午の年の女は夫を殺し丙午の男は女を殺すとてもっぱら忌めり」（『良姻心得草《りょういんこころえぐさ》』）などという俗説がおこって、それが次第に江戸の町で信じられるようになり、享保十年（一七二五）には人工流産が盛んに行なわれたという。十一年が丙午の年だったのである。

ところが、享保十一年に生まれた人たちが成長するころになると、男の丙午は問題でなく、女だけが問題にされるようになっていた。このように迷信というものは時代時代によって少しずつかわっていくものである。これという根拠がないからであるが、一方でこれをあおりたてる者があることによって、人はそれになびいていく。

次の丙午の年は天明六年（一七八六）であった。この年はむしろ平穏であった。天明三年は浅間噴火、四年は大飢饉《ききん》であった。そのあとをうけた平穏な年でありながら、堕胎間引きが全国に横行したのである。つまり弊害は丙午生まれの者よりも、丙午生まれ以外のものがつくり出したのであった。私の祖母は弘化三年（一八四六）生まれの丙午であった。祖父と恋愛結婚して五十余年一緒に暮らし、平穏な一生を終わった。

訪問着事件と村八分

成人式を平服で行なう申しあわせをして、みな平服を着て集まっているところへ、それを承知しながら、訪問着を着てやって来た三人の娘があり、入場を拒否されて、その親が訴えて出た事件がある。どんな申しあわせをしても守らなければ意味がない。申しあわせをしないほうがよい。ちかごろは申しあわせが守られなくなって多くの社会的な混乱が見られるが、昔は申しあわせがきびしくてかえって個人の束縛《そくばく》をすることが多かった。もし村の規約やならわしをやぶると、その者との交際をしない制裁を加えた。これを村八分といった。八分というのは、村のつきあいは十あるけれども、その八つまでをとどめ、二つはのこしておくという意味だとされていた。二分というのは死者のあったときと火事のあったときで、そのときは制裁中であっても村人は協力したというのである。

しかし、日本各地の習俗を見ると、八分というよりも村ハズレ、村ハズシなどといっているところが東日本に多く、西日本では村バネ、組ハブキ、郷バナシなどの言葉があって、交際を一切たちきってしまうばかりでなく、大阪府信達のように、村はずれに小屋住まいさせられたという例もあった。また宮城県や千葉県ではぬすみをした者が見つかると片びんを剃《そ》りおとされるという制裁もあった。富山県では村ハズシになった者の家のまわりで太鼓をたたいたもののようである。全般的に見ていやがらせが多かった。そういうことによって村の統制をとったが、戦後は村八分的制裁は少なくなった。それが強く非難せられたからである。

しかし、いやがらせは今もよく行なわれる。これは決して村だけではない。芸能界などでは乾《ほ》されるといっている。申しあわせは悪いことではない。またそれは守らなければ意味がない。ただ弱い者いじめにならないことが大切であろう。

集団就職

三月下旬から四月上旬〔昭和四十一年〕へかけて九州をあるいてみた。そしていたるところで集団就職のために駅へあつまっている中学卒業生たちの群れに出あった。そのための特別仕立ての列車も走っていた。この人たちの出ていったあとの村は、またひっそりすることであろう。

都市が若い労働力を無限に吸収するようになり、その就職の世話に中学校が直接タッチするようになっておこった現象であるが、思えばこれはごく最近見られるようになったことで、それまでは就職の機会というものはそれほど得やすいものではなかった。

島外出稼《でかせぎ》のゆるされなかった対馬では、二、三男に生まれたものは養子に行く以外には一戸をかまえることは不可能で、大ていは本家の屋敷の一隅に小屋をたててそこにいたので〝ヨマ〟の者といわれた。

ヨマは余間であろうか。

長野県の山中ではその余間も与えられず下男同様に使われ、世間からはオジロク、オバロクなどとよばれたものであったが、生涯結婚せず、本家のために働いてオジ、オバで終わる者はずいぶんたくさんいたのである。そういう生活にたえかねてひそかに村をぬけ出していく者も少なくなかった。そしてどこかで新しい職を見つけてそこにおちついたものであった。

また中には都会へ出ていく者もあった。都会はいつも多くの人手を必要とするためにいなかから出た者を世話する口入れ屋があったが、その口入れ屋にたのまれて地方から子供をあつめてつれて来る者がいた。大阪平野ではこの仲介業者を人バクロウといった。貧しい者の子を牛同様に考えたのであろうが、事実、山形県最上地方から子供を関東平野へつれて来る女たちは子供の腰に縄《なわ》をつけ、これを珠数《じゅず》つなぎにして牛を追うようにしてやって来た。この女たちを最上婆《もがみばば》といったという。

昔に比して今の就職風景は明るい。が、同時にその前途も明るいものであることを祈る。

就職列車（日豊線、昭和41年3月）

ことわざ考

逢うたとき笠をぬげ

日本には武士や公家や僧侶や商人たちの文字を持っている社会の下に、文字を持たない農民社会が実に広く厚く存在した。そして文字を持つ人たちから見ると、農民の社会は無知蒙昧《もうまい》に見えた。しかし、そこには民衆が群れをなし秩序をもち、自衛していくためのいろいろの慣習があった。それにしたがうことによって民衆社会は維持されたのであった。

一口に慣習といってもその多くは口頭の伝承や行為の伝承によったもので、民衆社会を秩序だてていったものの中で重要な役割をはたしたのはコトワザであった。コトワザは俚諺ともいったが、民間ではタトエとかテーモンといったところが多い。多くのタトエを知っていることで一人一人はまた身の処し方を心得たのである。その一つに、

「郷に入れば郷にしたがえ」

というのがある。その村に入ればその村の慣習にしたがえということであろうが、これに似たことばに、

「逢うたとき笠をぬげ」

というのがある。人に逢うたら自己主張をするのではなく、まずみずから笠をぬぎ頭をさげるのがよいというのである。ところが、

「ところへ来たら笠をぬげ」

ともいっている。するとこれは、「郷に入れば郷にしたがえ」とおなじことになるのだが、笠をぬぐと

いうところに農民的な発想が見られる。そして村の生活は村の慣習にしたがうことからはじまったものである。それは今日の人から見ると息苦しいものであっただろうが、それによって村は長く生きつづけた。

倉が立つと腹が立つ

「隣の家に倉が立つと腹が立つ」

ということわざがあり、それは農民の心の狭さをあらわしているものとして、また農村の封建性を象徴しているものとして戦後、識者によってしばしばとりあげられた。果たしてそうなのだろうかと思って、村々をまわっているときに古老たちからきいてみると、当時八十歳をすぎたような人は、

「村の土地の広さはきまっている。一人の人が土地を集めると、一方では土地を失って貧乏した者ができる。昔は村の中にずばぬけて大きい家ができると、きっと何軒もの貧乏人ができ、それが村の不幸をまねいたものです。それをいったものでしょう」

と話してくれた。倉を建てることが他に迷惑を及ぼさないようなところ、つまり農以外にも金銭収入のいろいろあるようなところでは、村にたくさん倉の建っているのを見かける。

このコトワザについてきいてあるいているとき、

「昔は〝一反増そうより口数へらせ〟というタトエもあったのですよ」

と教えてくれた老人があった。つまり財産を増すより、家族数を減らせというのである。こんなことばが守られて人口制限を行なった村も少なくないのではないかと思った。

そしてその老人はこうもいった。

「〝灰吹きと金持ちはたまるほどきたない〟〝長者は三代つづかない〟ともいいます。貧乏して来たおかげて家が十代も二十代も続いて来たのでしょう」

村人の心得としてそんなものがあったようである。

足もとを見よ

まだ十歳すぎの子供のときであった。祖父に連れられて、村の初寄合へいったことがある。初寄合は正月すぎにひらかれる。一軒から一人が出て来て、一年間の年中行事やそれに伴う公役やその割り当て、賃金などをとりきめる。総代が書いたものを一通り読みあげると、それに対して村人から質問や意見が出る。そして訂正されるものは訂正し、みんなが納得すると、それでおひらきになるのだが、その日は一人横車を押すのがいてなかなか事がきまらない。その人の意見に反対すると理屈をこねてくってかかる。みなもてあまし気味であった。ところが会場のすみにいた老人がその人に向かって、

「足もとを見て物をいいなされ」

といった。するとその男はだまってしまった。それぞれの立場に立って物をいえということであろう。

村の寄合では空理空論はできるだけさけた。そして足元を見て物をいえということは村人の常識になっていた。私は子供心にことばの重味を教えられ、今も忘れることができない。また、

「牡蠣が鼻だれを笑う」

というのがある。これは、

「目糞鼻糞を笑う」

と同じ意味で、戦前、私が宮城県から九州までの海岸沿いの村を歩いているとき、よくきいたものである。自分のことは棚にあげて悪口をいう。そういうことを戒めたものと思う。後者が軽いユーモアを含んだ戒めとすれば、前者はそういう者に対する強い調子の批難だといえよう。

人の口に戸はたてられない

いろいろのうわさが人の口にのぼるとすぐひろがっていくし、陰口のようなものもすぐ相手の耳に入ることになる。だからできるだけ、人を傷つけたり、あらぬうわさはしないようにというのがこのコトワザの真意であろうが、一方、

「火のない所に煙は立たぬ」

というのがあり、うわさが立てばそれに類する事実もあるのだと多くの人は信じた。しかし、

「だまった者が臭い屁をひる」

というのもある。思い設けぬところにうわさの根源があったりする。だからうわさというものはいちどは立ててみるが、それを深くつきとめようとすることは村の中ではほとんどしなかった。だれか傷付く者が出るからである。村里生活の中でうわさは立てるだけでよかった場合が多いようで、

「人のうわさも七十五日」

といって忘れていくことが多かった。小さな社会で波風を立たせないようにするには、そのようにすることもやむを得ない場合があったのかもわからない。そして、

「嘘も方便」

というようなコトワザも生まれた。一方、

「臭いものには蓋」

というように暗い部分をかくして通そうとするような慣習も生まれたのだが、このような現象は今日では小さな村社会のなかでなく、広く世間一般の現象になりつつある。

そして一人一人はできるだけうわさにのらず、

「目で見て口でいえ」

ということが要請されたのであった。

花より団子

村の中の生活はお互いのバランスがとれていることがいつも大切とされた。

「下司《げす》の高あがりは喉がかわく」

というのがある。下司とは中世における下級官吏のことであるが、近世に入ると村の中の中流以下の人を指すようになり、さらに教養のない人をさすようになる。

「下司の話が糞になる」

ともいう。下品な話をしているとしまいには汚い話になってしまうということであろう。

さてその下司が酒盛りに招かれて上席をすすめられると大てい「下司の高あがりは……」といってことわる。末席の方にいるのなら飯や汁のおかわりもたびたびすることができる。そして食べられるだけ食べることができる。しかし上席だと多くの人の目もある。できるだけつつしまなければならぬ。下司にとっては末席の方がよいのである。なぜなら、

「馬鹿の大食い」

というのがある。古くは

「下司の大食い」

ともいっていた。よく働く者はよく食べる。よく食べることのできるのは末席の方なのである。

そこではマナーだの作法だのそんなに問題ではない。そして一般の人びとは下司の方の味方でもあっ

た。

「花より団子」

「案じるより団子汁」

「義理張るよりほお張れ」

などと名よりも実をとる方に味方したものが多い。しかし武士の世界になると、

「武士は食わねど高楊子」

というのがあり、武士の社会と民衆の社会には一線がしかれていた。そして、

「据えぜん食わぬは男の恥」

というのもどうやら民衆社会にゆきわたったコトワザのようである。

爪に火とぼす

民衆社会では勤勉と実利が最も尊ばれた。それも人を押しのけて利を得るのではなく、その逆が要請されていた。

「損して徳とれ」

というのはまさにそれである。

「安物買いの銭失い」

ともいっている。昔は百姓の財布の紐は堅かった。そして、

「稼ぐに追いつく貧乏なし」

と稼いだのであった。事実は稼いでもなお貧乏する者が多かったのであるが、稼いで得た財産が本当の財産だと信じていた。そのようにして稼ぐことを、

「爪に火とぼす」

といった。今日日本人が働き蜂といわれているのは、このような生きざまの名残といってもよいのではないかと思う。そして、

「捨てる神あれば拾う神あり」

ということばは、村社会に生きる者の一つの救いの言葉であり、それが力ない人びとをも絶望的にすることがなかったのではなかろうか。どこかで救いの手をさしのべてくれるものがあった。

封建社会は家格であるとか身分であるとかいったものを主にして構成され、それは村落社会にも持ちこまれていたが、村落社会には村落社会の価値判断が別にあった。

「馬子にも衣装」

がそれであり、馬子でもりっぱな服装をさせればりっぱに見えるということは支配者に対する真価を問うた言葉ではなかったかと思う。そうした村落社会でかってもっとも多く聞いたコトワザは、

「氏より育ち」

であった。後天的な努力が尊ばれたのである。

可愛い子には旅

しかし民衆の生きる村落社会はせまいものである。

「住めば都」

ということばがあり、住んでみればどんな土地にも住み心地のよさがあることをいったものであろうが、その中にとじこもっている者に対して、

「所都《ところみやこ》」

「いろり都」

ということばがある。このことばにはむしろ軽蔑がある。小さい世界にとじこもっていることはよいことではないといったような。

そこでできるだけ広い世間を見ることが要請された。

「可愛い子には旅をさせ」

は、その心をもっともよくあらわしている。そして他人の飯を食う、それも御馳走になるのではなくて働いて食うのである。このコトワザには、

「憂いも辛いも旅で知る」

ということばをつけているところが多い。つまり憂さや辛さを通して、人と人との関係を知るということになる。

「旅は道連れ世は情」

その旅も道連れによってたのしくなり、また教えられることも多くなる。世は情というのはあとからつけられたことばではないかと思うが、旅はまた人の情によって憂さも辛さも消されることが多かった。

今、

「旅の恥はかき捨て」

といって旅さきではどんな無責任なことをしてもよいようにこの言葉を解釈しているが、出稼ぎの多かった私の故里の古老たちは、

「旅へ出れば旅先の村の掟がある。しかし他所者にはそれが十分にわからない。そして失礼なことをすることも多い。村にいて恥をかくということはみっともないことだが、それを旅人ということでゆるしてもらうというように自分たちは受けとっていた」

と話していた。

我が身のことは人に問え

村落社会がそこに住む人びとによって維持継続され、それによって一人一人の安全と幸福が保たれた

とすると、一人一人はその社会にできるだけ早く入ってゆき、いろいろの慣習を身につける必要があった。

「子供の喧嘩に親出るな」

というのがそれをよく物語る。今は他人の子をしかることはゆるされないことのようになっているが、他人の子をたしなめるのはあたり前のことであり、また子供の喧嘩に親の出ることは笑いものになった。子供には子供の世界があって、そこで訓練されることによって村の子供として成長し、また連帯感を身につけていったのである。

世間もまた村の一人一人のことを実によく知っていた。

「我が身のことは人に問え」

といわれるほどお互いが知りあっていた。だから、

「団栗の背くらべ」

でもあった。お互いが牽制しあってもいたということになる。しかし周囲を見ておれば自然に自分のしなければならないこともわかって来る。農家の仕事や技術はいちいち師匠について教えられるのではなく、

「人のふり見て我がふりなおせ」

といった風に会得してゆくことであり、

「習うより慣れ」

くりかえし練習することが大切とされた。学ぶべきことは周囲にいっぱいあったのである。そして武家・町人社会では遠慮、気兼ね、ゆずり合いが美徳であったが、

「湯の斟酌が水になる」

といって遠慮するよりは、相手の好意をそのまま受け入れることが村の美徳であった。

近くの他人

「京の従弟に隣を替えな」

というコトワザがある。遠い親戚を大切にして隣家をおろそかにしてはいけないということであり、別に、

「遠い親類より近くの他人」

ともいっている。人間関係でまず大切にしなければならないのは隣近所の人ということになる。村落共同体は同時に地域共同体であった。そしてその傾向は西日本に強い。他人同士が住んでいても近隣であるときにはその方が親戚より大切だというのである。これは、

「秋深し隣は何をする人ぞ」

というのとは大変な違いである。しかし相互信頼が共同体を支えて来たのであって、そこには裏切りはないと考えた。

「鬼も頼めば人は食わぬ」

というコトワザがあるが、そうした心情が地域共同体を支える力になったのではなかろうか。

そしてそのような心情の底には一種の平等観があったと思う。

「立っている者は親でも使え」

というのがそれを物語る。親の命にしたがうだけが子供の孝行ではなく、子は親を使ってもよかったのである。当節はそれがあたりまえのことになっているが、農村以外の社会で子が親を使うということはほとんどなかった。だが地域共同体というのは「相見互《あいみたがい》」という平等観がなければ成り立たないものであった。それにはまた一人一人が自主性を持たなければならなかった。

「苦しい時の神だのみ」

といいつつ、一方では、

「薬より養生」

と自主性の大切であることを説いている。

田は濁る

農村で生まれたであろうと思われるコトワザは実に多い。しかしコトワザは農村だけで生まれたのではなく、商人や武家社会でも生まれている。そしてそれを知り理解し、そうしたことばをたよりにして日常の生活をたてて来たといってよいのであるが、その解釈の仕方が時代により土地によって都合のよいように解釈されていったものもある。同時にまた次々に作り出されていったのであるが、一定の倫理観があって生まれたのではなく、体験がコトワザに象徴されていったと見られる。そしてそれを整理してみると、一本の筋が通っているのを見る。

「長いものには巻かれろ」

というのは弱者の自嘲にとられる。しかし、

「寄らば大樹の陰」

ということになるとそれは当然のことのように思えて来る。さらに、

「箸と親方は丈夫なのがよい」

ということになると弱者の親方への期待と要求が見られ、ただ長いものにまかれてばかりいたのではないということがわかって来る。

同時にコトワザの中には民衆の自立の大切さを表現したものが少なくない。

「借衣は後が寒い」

「ない袖は振れぬ」

「粉糠三合あれば養子にゆくな」

「早起きは三文の徳」

などといろいろある。早起きしても三文ならたいしてもうけにならないので寝ていた方がよいということになろうが、その一方で

「ぼつぼつうっても田は濁る」

というようにやらないよりやることが大切なのだというわけである。このようにして農村生活の規範は作られて来たようである。

自然と暦

暦と四季

アジアの温帯モンスーン地域にある日本は、夏は南東の季節風が太平洋の水蒸気をはこんで雨をもたらし、冬は北西の風が日本海の水蒸気をはこんで雪をふらせる。そのため温帯にありながら熱帯さながらの多雨地帯となり、冬の日本海沿岸は世界有数の多雪地帯となる。夏と冬とのはげしい気温差は、四季のけじめをはっきりさせ、春夏の候は植物の成育がさかんであり、秋冬は落葉休眠の風景が展開する。また季節に応じてわたり鳥の移動や魚類の回遊がみられ、人々はこのような自然の風物のうつりかわりにしたがって生活をたてた。なかでも農業、林業、漁業にしたがうものは、季節的な影響をうけることが多かった。

太陰暦と太陽暦

季節のうつりかわりのはげしさは、われわれを季節にたいして敏感にさせるとともに、暦にたいする関心をいっそうたかめることにもなった。日本では明治五年（一八七二）にグレゴリオ暦（太陽暦）の採用をみるまでは、おおむね太陰暦〔太陰太陽暦〕が行なわれてきた。

太陰暦〔旧暦〕と太陽暦〔新暦〕のあいだには、およそ三〇日くらいの差があり、閏《うるう》年は一カ月を加えるため、太陽暦ほど季節と暦日の一致しないことが多かった。中国でははやくから太陰暦によりながらも、これに太陽の周期を二十四気〔二十四節気〕にわけ、太陰暦にむすびつけて季節をみるめやすにした。

この二十四気は日本にもはいったが、とくにわが国でひろくもちいられてきたものは立春、春分、立夏、夏至《げし》、立秋、秋分、立冬、冬至《とうじ》、小寒、大寒などである。太陰暦のなかにこのような年々日付の一定しない日がありながら、しかもこれを尊んだのは、これを農作業のめやすにするほうが稲作を安全に行なうことができたからで、農民はさらにこれにいくつかの日本風な節《せつ》をつけた。八十八夜、入梅、二百十日などがそれであり、八十八夜はもみまきの、入梅は田植の、二百十日は台風のめやすになった。

そこで日本ではふるくから、一つは太陰〔月〕のみち欠けによって定められた日付にしたがう日常生活と祭祀暦と、いま一つは農作業を中心にした農業暦の二つの暦が行なわれることになった。そして江戸時代のすぐれた農書のなかには、「耕稼春秋」や「農具揃」のように農業暦の様式によったものが少なくない。こうした暦の二重性のために、農民にとっては旧暦でもたいして不便はなく、明治の改暦以後もながく旧暦がもちいられた。今日でもサラリーマン化、あるいは商業化のすすまない地域では、なお祭礼行事的なものは旧暦がもちいられている。

自然をめやすにした暦

われわれの生活が原始生産への依存度がたかく、いっぱんに交易の発達がおくれ、市場ひいては都市の発達もおくれたことは、過去の歴史のしめすところである。季節的な自然景観の変化はもとより、日本は南北に長い島国であり、南と北では気温のうえにもかなりの差がある。したがってそれぞれの地方に、気温によって変化をみせる自然景観をめやすにした季節および豊凶の見方があった、自然暦とでもいうべきものである。たとえば山の雪の消えかたや花のさきかたによって春のくる遅速を知り、また豊凶を推定するふうは各地にみられる。

植物だけではなく、動物の出現や鳥の去来も季節を知る重要なてがかりになった。とくに日本を経路にしたり、あるいは日本に一定期間わたってくる候鳥の類は多く、ツバメ、カッコウ、ホトトギス、ムクドリ、ツグミ、ガンなどの去来は、人の目にもつきまた声が耳にもはいり、季節のうつりかわりをおしえてくれた。

そのほかウグイス、ヒバリ、カエル、セミ、秋虫のなき声、ヘビ、カエル、ホタルなどの出現がわれわれに季節感をあたえ、人はそれによって季節に応じた生産生活をいとなんだ。

このようなことは海にもみられた。海には根つきの魚のほかに回遊する魚が多かった。イカナゴ、キビナゴ、イワシ、サバ、カツオ、ブリ、ハタハタ、タラなど水温とふかい関係をもつものは、それらの魚類に適する水温になるとやってくる。その去来をしめすものはイワシ、キビナゴ、イカナゴ、カツオなどのように海鳥であるものもあり、また寒さがきびしければブリがき、雷がなればハタハタがき、雪がふればタラがくるというふうに、天候や気象がこれをおしえるものもあり、漁民はそれらのことを心得ていることによって、漁獲を効果的にすることができた。

したがって原始生産にしたがうものの観察は、こまかにならざるをえないものがあった。花のさきぐあいや木の芽のでかたにまで注意をはらい、その年の気候の予測をしようとした。もっとも興味のあるのは、岐阜、長野の山中で寒中に川の流れの中央の水をくみ、その目方をはかって豊凶を予測する慣習のあったことで、目方の重い年は豊作だと信じられていた。寒ければ目方が重く、冬寒い年は夏暑いのである。とにかく微にいり細にわたる観察がなされ、それが俚諺化されていった。

自然と生産補助技術

たんなる時のうつりかわりだけではなく、自然を観察し、自然を理解することは、それが生産に大きく寄与するために、一種の生産補助技術として重要な意味をもってくる。

まず時間を知るために、太陽や月や星を利用したばかりでなく、カラスやニワトリのなき声にもたよっている。とくにニワトリは、朝を知るためにのみ飼育した家が少なくなかった、

月の運行と潮の干満とはふかい関連があるため、漁民はつねに月によって海況を判断したが、漁業には夜間に行なうものが少なくなく、しかも夜漁の多くは暗夜が有利であったために、星をたよりにすることが多かった。星によって時間を知り、方向を知り、天候を知った。したがって日本の星の名は農漁的であり、これにともなう伝説も農漁民的なものが多い。北斗七星は漁民にはカジボシであり、農民にはシャクシボシ、カシオペイア座は農民にはヤマガタボシであり、漁民はイカリボシとよんでいるものが多い。星は農民も農耕の時期をみるためにもちいたから、農業にちなんだマスガタ（オリオン座）、カ

ラスキ（三つ星）などの名もみいだす。

天候を知るためには風や雲の形、雲行きなどに目がむけられた。とくに風向きが晴雨、暴風を予知する手がかりになったため、風位については各地ともじつに多くの名称をもちいている。天候は港などにあっては小高い丘の上にのぼってなされたもので、古い港には申しあわせたように日和山《ひよりやま》というのがある。日和をみさだめて船にのったのである。いっぽんの農村でも、周囲の山への雲のかかりぐあいなどで天候をみさだめることは多かった。富士山は聖山であるとともに、その周囲の山麓に住む農民には重要な気象台の役目をした。

山は沿岸を航行する船にとってはその目標にもされた。したがって海から遠く見える山は、船人によって信仰されているものか多いが、さらに山や岬、海岸の地形などを利用して三角測量を行ない、海底の漁場をたしかめたりした。また海岸からの距離をはかったりする〈山アテ〉の方法は、航海業者や漁民のあいだでひろく行なわれており、漁業のさかんなところでは海岸におびただしい地形名のついているのを特色とする。漁民たちは波のたちかたによって、夜などその位置が沖合か、浅海か、入江かなどをさぐりあてた。これを〈波アテ〉といった。また海の色によって、水温をみきわめることも行なわれている。

農閑期のたのしみ

中部地方から東にひろがる米の単作地帯では、イネの取りいれがすむと春までのあいだには農作業らしいものはほとんどなくなる。また西南日本の二毛作地帯でも、「彼岸すぎての麦の肥《こえ》」というように、施肥を彼岸までにすましてしまうと、麦刈りまでのあいだには比較的ひまなひとときがある。同様に稲田の草も、土用にとりあげてしまうと稲刈りまではしばらくひまで、「百姓の鍬投げ」といわれるのどかなときがある。こうした農閑期に冬は正月、小正月、二十日正月などの行事が、夏は盆行事、秋祭りが行なわれる。しかし一毛作地帯のように冬の農閑期の長いところでは、そのあいだに他地方へ薬行商、酒杜氏《とじ》、大工、普請《ふしん》手つだいなどで出稼ぎするふうがみられた。しかし二毛作地帯では麦作があるために、一月の行事は比較的少なく、むしろ彼岸すぎて若葉かおるころまでのあいだに、物詣《ものもうで》や遊山《ゆさん》がしきりに行なわれたのである。伊勢参り、金比羅参りをはじめ、西国三十三ヶ所や四国八十八ヶ所の順拝もこの時期に多く行なわれた。またきたるべき多忙にそなえての、温泉への湯治は、温泉のある地方では共通にみられた現象で、多くは木賃でとまり自炊しながら湯治をたのしんだ。またこの時期に講を行ない、吉事や法事などの親類づきあいの招客を行なった。夏の土用以後の農閑期に、女たちの里帰りのさかんな地方では、女が里へかえってせんたくをかねて休息してくるふうがあり、その他の地方でも盆を中心にした先祖参りのための里帰りもみられた。とくに盆の十九日は〈やぶいり〉といって、奉公人たちまで親もとへかえってくる風習があった。

また農閑期の休息のほかに、農繁期にあっても〈骨やすめ〉とよばれる休息日がいくつもおかれている。それははげしい労働のつづく中間や、作業のすんでしまったあとに行なわれるもので、〈もみまき祝い〉〈苗忌み〉〈さなぶり〉〈刈り上げ祝い〉その他いろいろの名称がある。こうした休日には酒をのみ、めしを十分たべてのうのうとした一日をすごすのがふつうである。このほか雨の日には〈雨喜び〉といってやすむ風習も各地にみられる。そうしていわゆる年中行事的な節日には、それが農繁期であるばあいには、かえって田畑をやすまぬふうさえ生じたのである。五月節句、六月朔日《ついたち》、六月十五日、九月十三日など仕事をやすむものはほとんどなく、年中行事とはべつに休養を主とした休日が発達し、昼寝さえ制度として行なわれ、休日は若ものが管理するばあいが多かった。

最近では農閑期は見学、旅行、集会などに多く利用せられ、集会の種類と回数は多い。そのうえ料理、生花などの講習もレクリエーションとみられるようになった。そして都会のように思い思いにたのしむのでなく、大ぜいあつまってたのしもうとするふうがつよい。

解説

田村善次郎

宮本先生は角川書店の『俳句大歳時記』（昭和三十九・四十年）に設けられている季語考証欄にかなりたくさん執筆されており、また平凡社の『俳句歳時記』（昭和三十四年）にも参考欄に「風名」を中心に執筆されている。またサンケイ新聞に「日本の習俗」を昭和三十九年十二月から四十一年一月まで一七回、「日本の四季」を昭和四十年一月から四十二年十二月まで二一回連載している。いずれも歳時習俗に関連した短文である。そのほかにも雑誌などに寄稿したもので、これまでに編まれた単行本や著作集に収録されていない歳時習俗関連の論考がかなりある。それらを集めて配列を案配すれば「宮本常一の歳時事典」といったものになるのではないか、と言ったのは八坂書房の八坂立人さんであった。面白そうだやって見るか、ということで編んだのが本書である。短文だけでは偏りがあるのであるまとまりを持ったものとして『防長警友』に書いた「日本の正月」、「盆のはなし」、『愛育』に寄稿した「お正月の子供のあそび」、福音館書店の『母の友』に連載した「ふるさとの暦」を採録した。「日本の正月」、「盆のはなし」は小見出しを加え、「ふるさとの暦」、「日本の四季」はそれぞれの季節に案配しているが、本文については明らかな誤り、誤植と思われる部分をただした他は手を加えていない。

宮本先生が『俳句歳時記』や『俳句大歳時記』に何故執筆するようになったかは全く知らないのだが、先生と俳句には関わりがない事もない。

国文学者の金子又兵衛（実英）という人は、宮本先生の天王寺師範での恩師で、卒業後も人生の師として深い交わりを続けていた人である。病気のために親友の重田堅一が、肩代わりして、発行することになった文芸雑誌の計画を相談した時も、真っ先に賛成してさっそく原稿を送ってくれたのも金子であり、その雑誌を『丹壺』と命名したのも金子であった。その金子先生が久米会《くめいかい》という俳句の結社を主宰しており、重田がその幹事役をつとめていて、宮本先生も会に出席していることが重田の日記などでわかる。しかし、重田宛の手紙に「どうも俳句はわからないのだが」などと書いていて、あまり深入りはしなかったようである。短歌にはずいぶんのめりこんで、ガリ版刷りの歌集『樹蔭』もあり、歌稿ノートは何冊もあるのだが、俳句はそれらの間にいくつか散見される程度でまとまったものはない。久米会で機関誌的な雑誌を出していたかどうかは調べ得ていない。

歳時記に関連して「春一番」が季語として登場するのは、平凡社の『俳句歳時記』（昭和三十四年）が最初であり、それを季語として取りあげたのは宮本常一である。ということになっているようである。だとすれば宮本先生も俳句の世界に幾ばくかの貢献をしたことにはなるのだろう。「ハルイチバン」という言葉は天保二年（一八三一）の稲束家日記（『池田市史―史料編』所収）が初出だという。また『物類称呼』に「はるいち」が掲載されていると記しているものもあるらしいが、これは間違いであろう。岩波文庫版の『物類称呼』にも、生活の古典双書版の『物類称呼』（八坂書房）にも「はるいち」は見あたらない。ともあれ季語として俳人の世界に知られていなかっただけである。

平凡社版俳句歳時記の春一番に説明としてつけられている短文は『綜合民俗語彙』第三巻（民俗学研究所編　平凡社　昭和三十年）からひいたものであるし、『綜合民俗語彙』の説明文は昭和十三年に出版された『分類漁村語彙』の説明を写したものである。これには出典が書かれていないし、不敏にして探し当て得なかったが、壱岐在住の民俗学者、山口麻太郎氏の報告にもとづくものであろう。山口麻太郎は『壱岐島民俗誌』（一誠社　昭和九年）、『壱岐島方言集』（刀江書院　昭和五年）を初めとして壱岐島に関する数多くの論考があり、その中で春一番も紹介されていたに違いない。宮本先生は昭和二十五年八月、壱岐を訪れたとき、郷ノ浦に上陸して最初に安政六年（一八五九）の遭難碑を目にされたようで調査ノートのはじめにそのスケッチが残されている。安政六未年二月十二日夜、吹き荒れた春一番によって沖に出ていた五三人が遭難したのである。「旧二月十二日晩死者候　十三日ハ今モ沖ドメ」とスケッチの端に書き添えられている。先生の字である。

『宮本常一　歳事習俗事典』収録論考　初出一覧

風の名前
東風（こち）・アイの風　貝寄風（かいよせ）　涅槃西風（ねはんにし）　彼岸西風（ひがんにし）
ようず　春一番（はるいちばん）　桜まじ　油まじ　以上『俳句歳時記―春』平凡社　昭和三十四年五月
夏の風　南風（はえ・まじ）　ひかた　だし　いなさ　以上『俳句歳時記―夏』平凡社　昭和三十四年七月
送りまぜ・おくれまじ　おしあな　高西風（たかにし）　以上『俳句歳時記―秋』平凡社　昭和三十四年九月
ならい　『俳句歳時記―冬』平凡社　昭和三十四年十一月
春をよぶ風　「産経新聞」〈日本の四季〉　昭和四十二年二月
◇コラム　生垣　「植物と文化」第二〇号　八坂書房　昭和五十二年十月
日本の正月　「防長警友」　山口県警察本部教養課　昭和三十四年一月
◇コラム　移りゆく正月風景　掲載紙不明　昭和三十八年一月
正月の子供遊び　「愛育」　第三五巻第一号　恩師財団母子愛育会　昭和四十五年一月
新年の習俗
門松（かどまつ）　幸木（さいわいぎ）　幸籠（さいわいかご）　掛鯛・にらみ鯛〔掛鯛（かけだい）と改題〕　新年を飾る《以下の複数の項目をまとめた：松竹梅飾る〔松竹梅と改題〕・楪飾る〔楪（ゆずりは）と改題〕・歯朶飾る〔歯朶（しだ）と改題〕・橘飾る・橘祝ふ〔橘（たちばな）と改題〕・橙飾る〔橙（だいだい）と改題〕・柑子

飾る〔柑子（こうじ）と改題〕・柚柑飾る・柚子飾る〔柚柑（ゆこう・ゆず）と改題〕・藪柑子飾る〔藪柑子（やぶこうじ）と改題〕・蜜柑飾る〔蜜柑（みかん）と改題〕・串柿飾る・乾柿飾る〔串柿・乾柿（くしがき・ほしがき）と改題〕・榧飾る〔榧（かや）と改題〕・搗栗飾る〔搗栗（かちぐり）と改題〕・梅干飾る〔梅干（うめぼし）と改題〕・野老飾る・野老祝う〔野老（ところ）と改題〕》 庭竈（にわかまど） 年男・若男〔年男（としおとこ）と改題〕 若水（わかみず） 雑煮祝う・雑煮・羹を祝う・雑煮餅・雑煮膳・雑煮椀〔雑煮（ぞうに）と改題〕 浜拝（はまおがみ） 鍬始・鍬入・鋤初・一鍬・初田打〔鍬始（くわはじめ）と改題〕 六日（六日年）〔一部を六日年越に挿入〕 六日年越 若菜摘・若菜摘む・若菜狩・若菜迎〔若菜摘（わかなつみ）と改題〕 七日（なぬか） 松の内・松七日・注連の内〔松の内（まつのうち）と改題〕 飾納・注連飾り取る・飾り取る〔飾納（かざりおさめ）と改題〕 心竹・御社〔心竹（こころだけ）と改題〕 餅間・餅中〔餅間（もちあい）と改題〕 松過ぎ・松明・注連明〔松過（まつすぎ）と改題〕 西宮の居籠・居籠〔居籠（いごもり）と改題〕 亥巳籠（いみごもり） 小年・十四日年越〔小年（こどし）と改題〕 十四日年越 鬼打木・鬼木・鬼除木・鬼障木・鬼押木・門入道〔鬼打木（おにうちぎ）と改題〕 小正月・十五日正月・花正月〔小正月と改題〕 粥釣（かゆつり） 花の内（はなのうち） 二十日正月・団子正月・二十日団子・骨正月・頭正月〔二十日正月と改題〕 初三十日・晦日宵・晦日正月・晦日団子〔初三十日（はつみそか）と改題〕

以上『俳句大歳時記―新年』角川書店　昭和四十年十二月

春の風物

太郎のついたちと初灸　『母の友』福音館　昭和三十七年二月

ひなまつりと花見　『母の友』福音館　昭和三十七年三月

奈良の山焼・三笠山の山焼〔山焼（やまやき）と改題〕 鶏合・闘鶏・鶏の蹴合〔鶏合（とりあわせ）・闘鶏と改題〕

農具市（のうぐいち）　田打（たうち）・春田打　鯛網・鯛葛網　鯛地漕網　鯛縛網　吾智網〔鯛網（たいあみ）と改題〕
磯開・磯の口明・浜の口明・海下・口明祭〔磯開（いそびらき）と改題〕　磯菜摘（いそなつみ）　磯遊・磯祭・花散らし〔磯あそびと改題〕　馬鈴薯植う・馬鈴薯の種おろし〔馬鈴薯植う（ばれいしょうう）と改題〕　霜くすべ・くぐし〔霜くすべと改題〕　蚕飼・養蚕〔蚕飼（こがい）と改題〕　蚕卵紙・種紙・さんらんし〔蚕卵紙（たねがみ）と改題〕　春挽絲〔春挽糸（はるひきいと）と改題〕　甘藷苗（いもなえ）作る　遠足

以上『俳句大歳時記―春』角川書店　昭和三十九年四月

屋根葺き

「産経新聞」〈日本の四季〉　昭和四十二年四月

夏の風物

噴井（ふけい・ふきい）　夜焚・夜焚釣〔夜焚（よだき）と改題〕　鰹釣・鰹船〔鰹釣（かつおつり）と改題〕　鰹節製す〔鰹節（かつおぶし）と改題〕　新節（しんぶし）　煮取・煎脂・煎汁・いろり〔煮取（にとり）と改題〕
新麦・今年麦〔新麦（しんむぎ）と改題〕　陳麦（ひねむぎ）　煮梅・青梅煮る〔煮梅（にうめ）と改題〕　囲い船（かこいぶね）　番屋閉ず（ばんやとず）　漁夫帰る（ぎょふかえる）　代田（しろた）　初田植（はつたうえ）　田植・囃田・田植女・田植笠・田植酒〔田植（たうえ）と改題〕　草取・草むしり〔草取（くさとり）と改題〕　植田（うえた）　青田（あおた）　牛馬冷す・牛馬を洗ふ〔牛馬洗う（ぎゅうばあらう）と改題〕　草刈・下刈・朝草刈・草刈女・草刈籠・草刈鎌〔草刈（くさかり）と改題〕　湯華掻く（ゆばなかく）

以上『俳句大歳時記―夏』角川書店　昭和三十九年八月

大田植（おおたうえ）

『母の友』福音館　昭和三十七年五月

卯月八日と山のぼり

『母の友』福音館　昭和三十七年四月

田植歌（たうえうた）　「近畿民俗」新二号　近畿民俗学会　昭和二十四年七月
ムギウラシ　「産経新聞」〈日本の四季〉　昭和四十二年五月
虫送り（むしおくり）　「産経新聞」〈日本の四季〉　昭和四十一年六月
田草取り（たのくさとり）　「産経新聞」〈日本の四季〉　昭和四十二年七月
海水浴　「産経新聞」〈日本の四季〉　昭和四十年六月
五月節句〔五月五日（鯉幟・薬狩・菖蒲湯・チマキ・相撲の節会・山びらき・女の家）と改題〕　麦念仏（むぎねんぶつ）
虎御前の涙雨・雨障み〔虎御前の涙雨（とらごぜんのなみだあめ）と改題〕
以上「日本文化財」No.二五〈五月の民俗行事〉　文化財保護委員会監修　昭和三十二年六月
◇コラム　日本の夏祭　「民芸手帖」六二号　昭和三十八年七月

盆のはなし　「防長警友」　山口県警察本部教養課　昭和三十四年八月

秋の風物
七夕のころ〔七夕（たなばた）と改題〕　『母の友』福音館　昭和三十七年七月
名月のころ〔名月と改題〕　『母の友』福音館　昭和三十七年八月
秋の彼岸　『母の友』福音館　昭和三十七年九月
さまよえる霊の為に〔施餓鬼（せがき）と改題〕　「民間伝承」第八巻第五号　昭和十七年九月
藪入り（やぶいり）　「産経新聞」〈日本の四季〉　昭和四十一年八月
風吹くな〔風祭（かざまつり）と改題〕　「産経新聞」〈日本の四季〉　昭和四十二年八月

穂掛け（ほかけ）　「産経新聞」〈日本の四季〉　昭和四十一年

稲刈り　「産経新聞」〈日本の四季〉　昭和四十二年十月

苧績み（おうみ）　「産経新聞」〈日本の四季〉　昭和四十二年九月

草泊・草山〔草泊（くさどまり）と改題〕　渋取（しぶとり）　新渋（しんしぶ）　甘干・吊し柿・釣柿・干柿・ころ柿・白柿〔甘干（あまぼし）・吊し柿・干柿（ほしがき）・ころ柿と改題〕　串柿造る・串柿〔串柿（くしがき）と改題〕秋耕・秋起し〔秋耕（あきうち・しゅうこう）と改題〕　八月大名　秋の大掃除〔大掃除と改題〕　新米・今年米・わさ米〔新米（しんまい）と改題〕　稲干す・刈干・稲掛〔稲干すと改題〕　籾・籾干す・籾殻焼く〔一部籾摺に挿入〕　籾摺・籾殻〔籾摺（もみすり）と改題〕　夜庭・庭揚げ〔夜庭（よにわ）と改題〕　新綿（しんわた）　若煙草・煙草干す〔若煙草（わかたばこ）と改題〕　豊年・出来秋・豊作〔豊作と改題〕　凶作・不作・凶年〔凶作と改題〕　松手入れ（まつていれ）　よなべ・夜業〔夜業（よなべ）と改題〕　夜食（やしょく）　砧（きぬた）　俵編（たわらあみ）　新麹（しんこうじ）　新酒（しんしゅ）　濁り酒・どぶろく・だくしゅ〔濁酒（にごりざけ・どぶろく）と改題〕　葡萄酒醸す〔葡萄酒（ぶどうしゅ）と改題〕　古酒（ふるざけ）　猿酒・ましら酒〔猿酒（さるざけ）と改題〕　鮭打（さけうち）

以上『俳句大歳時記―秋』角川書店　昭和三十九年十二月

冬の風物

刈上祭（かりあげまつり）　『母の友』福音館　昭和三十七年十月

七五三の祝い　『母の友』福音館　昭和三十七年十一月

乙子の朔日と事はじめ（おとごのついたちとことはじめ）　『母の友』福音館　昭和三十七年十二月

山の神祭　「産経新聞」〈日本の四季〉　昭和四十二年十一月

水まつり　「産経新聞」〈日本の四季〉　昭和四十一年十一月

すす男（すすおとこ）　「産経新聞」〈日本の四季〉　昭和四十二年十二月

お歳暮（おせいぼ）　「産経新聞」〈日本の四季〉　昭和四十一年十二月

寒さにたえて〔寒のうち（かんのうち）と改題〕「産経新聞」〈日本の四季〉　昭和四十二年一月

亥の子（いのこ）　目貼（めばり）　霜除（しもよけ）　風除・風囲い・風垣〔風除（かざよけ）と改題〕　虎落笛（もがりぶえ）　棕櫚剥ぐ・棕櫚むく〔棕櫚剥ぐ（しゅろはぐ）と改題〕　冬耕・土曳・客土〔冬耕（とうこう）と改題〕

神迎え（かみむかえ）　神農祭（しんのうさい）　大根洗・大根洗ふ〔大根洗うと改題〕　菜洗ふ・なあらう〔菜洗うと改題〕　新干大根・干大根〔新干大根（しんぼしだいこん）と改題〕　大根干す　切干つくる〔切干（きりぼし）と改題〕　沢庵漬製す〔沢庵漬（たくわんづけ）と改題〕　焼芋・壺焼芋・石焼芋・焼き芋屋〔焼芋と改題〕　乾鮭・干鮭〔乾鮭（からざけ・ほしざけ）と改題〕　塩鮭（しおざけ）　塩鰹（しおがつお）　塩鰤（しおぶり）　猟人・勢子・またぎ〔猟人（かりうど）と改題〕　夜興引・夜引（よこびき・よびき）　熊突・穴熊打〔熊突（くまつき）と改題〕

猪狩・猪道〔猪狩（ししがり）と改題〕兎狩・兎網・兎罠〔兎狩（うさぎがり）と改題〕　狸罠（たぬきわな）　狐罠（きつねわな）　鼬罠（いたちわな）　千鳥打（ちどりうち）　鳥柴（としば）　枝打・枯木おろし〔枝打（えだうち）と改題〕　丸太曳・丸太出・藪出〔丸太曳（まるたひき）と改題〕　斧仕舞・手斧仕舞〔斧仕舞（おのじまい）と改題〕

寒施行・野施行・狐施行〔寒施行（かんせぎょう）と改題〕　粥施行・粥やらう〔粥施行（かゆせぎょう）と改題〕

寒乗（かんのり）　寒造（かんづくり）　蒟蒻凍らす・氷蒟蒻〔氷蒟蒻（こおりこんにゃく）と改題〕　新海苔・初海苔・寒海苔〔新海苔（しんのり）と改題〕　年内立春・年の内の春〔年内立春（ねんないりっしゅん）と改題〕

以上『俳句大歳時記―冬』角川書店　昭和四十年六月

網代（あじろ）　榾（ほだ）　厄落し（やくおとし）　寒参り（かんまいり）　雪女（ゆきおんな）　節分（せつぶん）

年木樵（としきこり）　以上『俳句歳時記―冬』平凡社　昭和三十四年十一月

◇コラム　花祭　「未来」八八号　未来社　昭和四十九年一月

日本の習俗

見送り出迎え　「産経新聞」昭和三十九年十二月

冠り物（かぶりもの）　「産経新聞」昭和四十年一月

アダナ　「産経新聞」昭和四十年

一人前　「産経新聞」昭和四十年二月

挨拶　「産経新聞」昭和四十年三月

家ジルシ　「産経新聞」昭和四十年四月

婿の座　「産経新聞」昭和四十年四月

ミヤゲ　「産経新聞」昭和三十九年十二月

停年退職　「産経新聞」昭和四十年六月

間食　「産経新聞」昭和四十年七月

すわりだこ　「産経新聞」昭和四十年八月

リュックサック　「産経新聞」昭和四十年九月

足半　「産経新聞」昭和四十年十一月

曲がり角　「産経新聞」昭和四十年十一月

丙午　「産経新聞」昭和四十一年一月

初出一覧

訪問着事件と村八分　「産経新聞」昭和四十一年二月

集団就職　「産経新聞」昭和四十一年四月

ことわざ考　「読売新聞」〈新行儀読本〉昭和五十五年

自然と暦　『われら日本人』二　平凡社　昭和三十五年八月

索　引

◆ き ◆

◆ く ◆

◆ け ◆

◆ こ ◆

◆ さ ◆

◆ し ◆

著者
宮本常一（みやもと・つねいち）
1907年、山口県周防大島生まれ。
大阪府立天王寺師範学校専攻科地理学専攻卒業。
民俗学者。
日本観光文化研究所所長、武蔵野美術大学教授、
日本常民文化研究所理事などを務める。
1981年没。同年勲三等瑞宝章。

著書：「日本人を考える」「忘れられた日本人」「民具学の提唱」「日本の宿」「山の道」「川の道」「庶民の旅」「和泉の国の青春」「宮本常一とあるいた昭和の日本（あるくみるきく双書）」「旅の手帖〈ふるさとの栞〉」「旅の手帖〈村里の風物〉」「旅の手帖〈庶民の世界〉」など。

宮本常一　歳時習俗事典

2011年 8月25日　初版第1刷発行

著者　宮本常一
編者　田村善次郎
発行者　八坂立人
印刷・製本　シナノ書籍印刷(株)

発行所　(株)八坂書房
〒101-0064　東京都千代田区猿楽町1-4-11
TEL.03-3293-7975　FAX.03-3293-7977
URL.: http://www.yasakashobo.co.jp

ISBN 978-4-89694-976-6